Harald Braun

Fotobuch
Gartengestaltung

400 Ideen in Text und Bild

400 Farbfotos
9 Plandarstellungen

Ulmer

Inhaltsverzeichnis

Was macht ein Landschaftsarchitekt? 4

Formale Gärten 8

Frei gestaltete Gärten 12

Wege- und Oberflächengestaltung 16
Natursteinplatten 16
Natursteinpflaster 18
Betonsteinpflaster 18
Pflasterklinker 19
Holzdecks und -pflaster 19
Wassergebundene Wegedecke 19
Rasenpflaster, Rasengitter, Rasenklinker 20
Schotterrasen 20
Wegedecken aus Baumrinde und Holzhäcksel 20
Kombinierte Belagsflächen 21
Oberflächenentwässerung 21

Geschüttete Bodenbeläge und Findlinge 54

Sitzplätze 62

Treppen 70
Schrittmaß und Steigungsverhältnis 70
Stufenarten 70
Treppengründung 72
Treppengeländer 72

Mauern 86
Natursteinmauern 86
Betonmauern 88
Sichtschutzwände 89
Gabionen – Drahtschotterkästen 89
Stahlplattenmauern 89

Zäune 108
Holzzäune 108
Stahlzäune 110
Türen und Tore 110

Pergolen und Schutzdächer 124

Rasen und Wiesen 136
Bodenvorbereitung 136
Regel-Saatgutmischung 138
Fertigrasen 138
Fertigstellungspflege 138
Wiesen 139

Formgehölze, Schnitthecken 142

Wasser im Garten 148
Foliendichtung 148
Dichtung mit wasserundurchlässigem Beton 148
Tondichtung 148
Fertigbecken 150
Fließendes Wasser 150
Wasserqualität 151
Pflanzerde 151
Vorkehrungen zur Sicherheit 151

Pflanzgefäße 166

Garteneinrichtungen 170
Einhausungen für Fahrräder und Mülltonnen 170
Gartenmöbel 170
Beleuchtung 170

Ein farbenprächtiger Vorgarten 176

Ein Garten mit Quellstein und Holzelementen 178

Ein Hausgarten mit Betonelementen, Pergola und Pavillon 180

Ein Steingarten 182

Ein formal gestalteter Stadtgarten 185

Anhang
Autorenvita 188
Bildquellen 188
Register 189

Was macht ein Landschaftsarchitekt?

Während noch in den 1980er- und 90er-Jahren die Grundstücke für Einzelhäuser größer geplant wurden, weisen heutige Bebauungspläne eher kleinere Grundstücke auf. Gründe hierfür sind hohe Baulandpreise mit den entsprechenden Erschließungskosten. Aber die Grundstücksgröße ist nicht entscheidend für einen schönen Garten. Vielmehr ist die persönliche Einstellung der Besitzer zum Garten maßgebend. Rechtzeitig ist zu bedenken, wieviel Zeit und Geld man in die Anlage oder Umgestaltung eines Gartens investieren will. Ein erfahrener Landschaftsarchitekt hilft bei der Entwicklung von Gestaltungsideen, er plant bis ins Detail und übernimmt in Zusammenarbeit mit einem Landschaftsgärtner die Realisierung der neuen Gartenanlage.

Der Landschaftsarchitekt sieht in erster Linie die äußeren Zusammenhänge und stellt die harmonische Verbindung von Haus und Garten her. Fließende Übergänge der Innen- und Außenräume sind vor allem im Terrassenbereich wesentlich. Nur nach sorgfältiger Überlegung, eventuell mit skizzenhaften Darstellungen, werden verschiedene Lösungsmöglichkeiten und deren Vor- und Nachteile aufgezeigt. Hierbei spielen die Ausrichtung des Hauses, die Lage im Gelände sowie die Sonnen- und Schattenverhältnisse am Gebäude, eine wichtige Rolle.

Der **Bestandsplan** ist für eine korrekte Gartenplanung, die unentbehrliche Grundlage. Eine vorausgehende Lage- und Höhenvermessung des Grundstückes, dient zur Erfassung exakter Daten. Alle baulichen Bestandteile z. B. Mauern, Treppen, Beläge o. ä., besonders aber die vorhandene Vegetation sind lage- und höhenmäßig einzumessen und im Bestandsplan darzustellen. Nachbargrundstücke, deren Gebäude, Grenzsituationen mit vorhandenen Bäumen werden ebenfalls erfasst. Offene Grenzbereiche, die den Blick auf schöne Landschaften freigeben, sind mit einzubeziehen. Schächte, Versorgungsleitungen u. ä. auf dem eigenen Grundstück sind zu berücksichtigen.

Für die **Vorplanung** ist der Bestandsplan die Grundlage. Der Landschaftsarchitekt arbeitet zunächst ein Planungskonzept in einer skizzenhaften Darstellung aus. Um im Gespräch leichter die ideale Planungslösung zu finden, sind zwei oder drei Vorentwürfe durchaus sinnvoll. Mitunter kann es vorkommen, dass sich die Auftraggeber trotz farbiger Vorplanungsskizzen nicht recht vorstellen können, wie einzelne Gartenbereiche oder baulichen Anlagen spä-

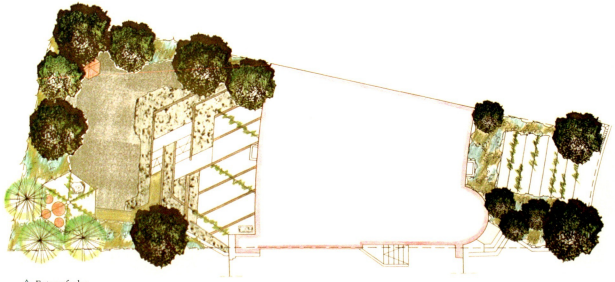

△ Entwurfsplan.

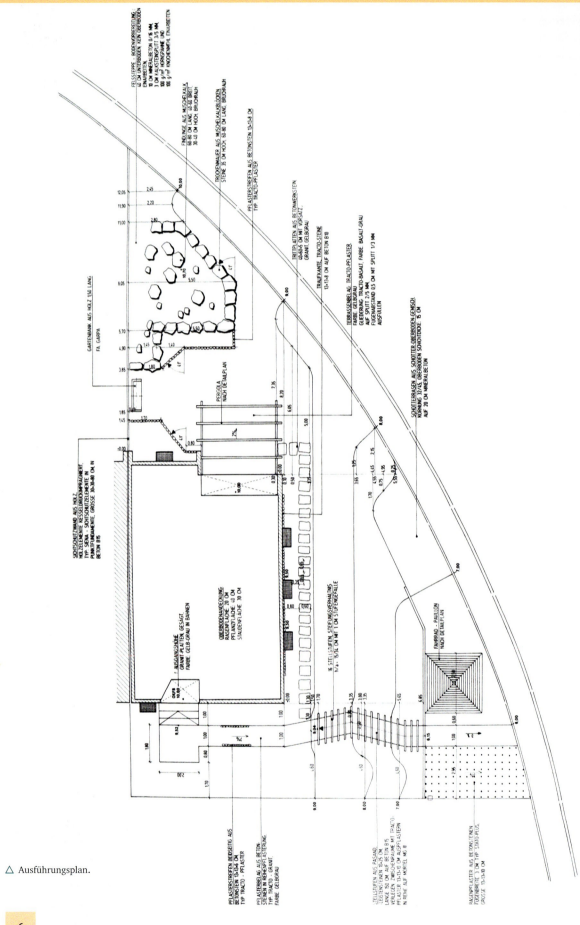

△ Ausführungsplan.

ter aussehen werden. Fotografien von bereits ausgeführten Gartengestaltungen leisten hierfür gute Dienste. Zusätzlich kann die Planpräsentation durch Handskizzen oder Computerdarstellungen veranschaulicht werden. Eine weitere Möglichkeit besteht in der Anfertigung eines Gartenmodells, was allerdings sehr zeitaufwändig und in der Hausgartenplanung unüblich ist.

Der ausgewählte Vorentwurf wird weiter zum **Entwurfsplan** ausgearbeitet. Kleinere Gärten und Wohnhöfe werden im Maßstab 1:50, größere Gärten im Maßstab 1:100 oder 1:200 bearbeitet. Sollte eine Genehmigung erforderlich sein, was bei Hausgartenplanungen selten der Fall ist, so ist der Entwurfsplan die Grundlage für die **Genehmigungsplanung**. Höhere Mauern und baulichen Anlagen, zumeist an der Grenze, werden mit dem Entwurfsplan zur Genehmigung eingereicht.

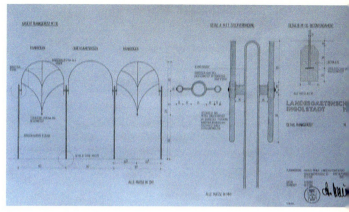
△ Werkplan/Detailplan.

In der **Ausführungsplanung** werden die Ergebnisse der Entwurfs- und Genehmigungsplanung weiter ausgearbeitet. Es sind Pläne, die für die Herstellung des Gartens, seiner baulichen Anlagen und der Bepflanzung absolut erforderlich sind. Im technischen Ausführungsplan werden Längenmaße, Höhenknoten, Höhenlinien, Materialien, Leitungen und weitere Werkbezeichnungen eingetragen. Darüber hinaus werden **Werkpläne** zu einzelnen Gartenelementen wie Zäunen, Pergolen, Teichanlagen, Wegeaufbauten u. ä. in größeren Maßstäben (1:1 bis 1:50) angefertigt.

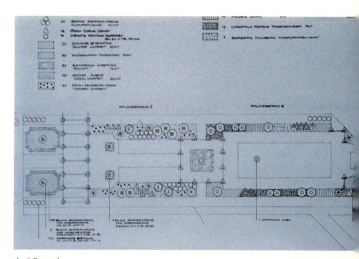
△ Pflanzplan.

Der **Pflanzplan** ist die unentbehrliche Grundlage für die fachgerechte Ausführung der gesamten Bepflanzung im Garten. Er zeigt die Zusammenstellung aller Pflanzen in Arten und Sorten, die benötigten Stückzahlen und Qualitäten.

Die Ausführungspläne sind die Grundlage für die **Ausschreibung**. Die auszuführenden Arbeiten werden nach Positionen gegliedert in einem Leistungsverzeichnis kurz, aber prägnant, beschrieben. Von einer Auswahl an Fachfirmen werden Angebote eingeholt. Nach der Submission erfolgt die Prüfung und Wertung der Angebote mit Vergabevorschlag. Eine preisgünstige Fachfirma erhält nach Abstimmung mit dem Auftraggeber den Zuschlag zur Ausführung der Arbeiten. Zwischen Auftraggeber und Fachfirma wird ein Bauvertrag abgeschlossen, der Preissumme, Termine und ähnliche Modalitäten enthält.

Die **Objektüberwachung** (Bauüberwachung) umfasst vor allem die Kontrolle der Arbeiten auf der Baustelle um sicherzugehen, dass die Ausführung des Objektes mit den Ausführungsplänen und den Leistungsbeschreibungen übereinstimmen und nach anerkannten Regeln der Technik und einschlägigen Vorschriften gebaut wird. Die Überwachung der Ausführungszeiten, die Prüfung der Teil- und der Schlussrechnung die Feststellung von Mängeln und deren Beseitigung, sowie die Abnahme der Bauleistungen sind wichtige Grundleistungen des Landschaftsarchitekten. Der geplante und gebaute Garten soll über Jahre hin dem Besitzer Freude bereiten, deshalb macht es Sinn, in den ersten Jahren die Pflegearbeiten einem Landschaftsgärtner zu übertragen. Die Anfangsjahre sind entscheidend für eine gute Entwicklung der Pflanzen und des Rasens.

Formale Gärten

Formale Gärten sind streng gestaltete, geometrische Anlagen, die sich großer Beliebtheit erfreuen. Ebene Flächen wie die hausnahen Bereiche bieten gute Voraussetzungen für formale Gärten. Vor allem dann, wenn die Hausfassade symmetrisch geplant ist und der Haupteingang mittig liegt. In diesem Fall macht es Sinn, die Flächen davor symmetrisch zu gestalten. Bei geneigten Grundstücken ist eine Terrassierung notwendig, um gute Gestaltungsformen zu erreichen. Nicht immer muss der gesamte Garten formal gehalten sein. Weiter entfernt liegende Bereiche können auch frei gestaltet werden.

Gestaltungselemente des formalen Gartens sind geradlinig verlaufende Wege, geschnittene Hecken, Formgehölze, Pergolen, kastenförmig geschnittene Bäume, bei größeren Anlagen auch Alleen. Die Geometrie setzt sich in den Zwischenbereichen fort, die Quadrat-, Rechteck-, Kreis- oder Dreieckformen ausbilden. In der Regel sind diese Beete mit niedrigen geschnittenen Buchshecken eingefasst. Sie sind ideale Standorte für Stauden oder einjährige Pflanzen einer oder mehrerer Arten und Sorten. Pflanzenstrukturen und Farbmuster können sich in formalen Gärten wiederholen.

Bauliche Gestaltungselemente sind **Pergolen**, **Treillagen** und **Laubengänge** die meist aus Holz oder Stahl errichtet werden. Durch Berankung mit Schling- und Klettergehölzen (möglichst einer Gehölzart) entstehen schöne bauliche Anlagen, die reizvolle Durchblicke zu anderen Gartenteilen ermöglichen. Licht und Schatten wechseln sich ab, es entsteht Spannung und Lebendigkeit. Ein Kunstobjekt kann als besonderes Element zum Blickfang werden. Zu einem formalen Garten passen auch sehr gut schlichte, einfach gefasste **Wasserbecken** mit einer reduzierten Bepflanzung.

Schnitthecken sind das grüne Architekturelement des formalen Gartens. Für höhere Hecken eignen sich sommergrüne Gehölze wie Hainbuche (*Carpinus betulus*), Rot-Buche (*Fagus silvatica*), Feld-Ahorn (*Acer campestre*) und Kornelkirsche (*Cornus mas*). Immergrüne Gehölze wie Eibe (*Taxus baccata*), Lebensbaum (*Thuja oxidentalis*), Buchsbaum (*Buxus sempervirens arborecens*) haben sich ebenfalls bewährt. Für niedrige Einfassungshecken ist Buchs (*Buxus suffruticosa*) besonders geeignet.

Zu einem formalen Garten gehören **Formgehölze** wie geschnittene Kugeln, Kegel, Pyramiden und Säulen. Zuweilen finden sich Tierfiguren, die allerdings mit viel Geschick geformt werden müssen. Formgehölze setzen Akzente, sie kontrastieren mit den Blatt- und Blütenfarben der Stauden und der einjährigen Pflanzen. **Kastenförmig geschnittene Bäumen** sind weitere interessante, raumbildende Gestaltungselemente. Hier wird im Freiraum ein Gegengewicht zur Baumasse des Hauses definiert und die Geometrie des Hauses findet in geschnittenen Baumkronen ihre Fortführung. Die paarweise Platzierung von Bäumen vor Eingängen oder Eingangstoren verstärkt die Symmetrie der Gartenanlage.

Einreihige **Alleen** aus kleinkronigen Bäumen begleiten lineare Wege und erzeugen räumliche Tiefe. Verstärkt wird dieser Effekt bei zweireihigen Alleen. Die Platzierung von Alleen im freien Gartenraum oder als begrenzender Abschluss sind weitere Gestaltungsmöglichkeiten. Gleich große Baumkronen sind für einen guten Gesamteindruck entscheidend. Der Aufenthalt unter den raumbildenden Grünelementen ist angenehm, lassen sie doch einen freien Blick in weitere Gartenräume zu. Zudem können unter den Baumkronen reizvolle Frühlingsgärten entstehen.

▷ Formaler Garten mit Wasserbecken, kubisch geschnittenen Spindelbüschen, einem Wandbrunnen und zwei Holzbänken.

◁ Symmetrische Stauden- und Einjahresblumenbeete an Wegen aus hochkant verlegten holländischen Pflasterklinkern. Eine einladende englische Gartenbank dient gleichzeitig als Blickfang.

△ Weiß-blauer formaler Garten mit Buchseinfassung, an den Eckpunkten Buchskugeln. Als Beetbepflanzung Stiefmütterchen und Tulpen in Weiß und blaue Vergissmeinnicht.

△ Klassische Symmetrie in einem kleinen Parterregarten. Mit Buchs umrandete Beete umgeben den Springbrunnen und vier Buchsspindeln, die durch ihren besonderen Formschnitt sehr reizvoll wirken.

◁ Interessant gestalteter, formaler Garten mit einem isolierten Rasenstück und zwei akzentbildenden Kugelbuchs sowie einem dreieckigen mit Buchs umrahmten Beet. Es entsteht ein starker Kontrast zwischen der Hintergrund bildenden Baumkulisse und der formalen Gestaltung.

▷ Blütenstauden beleben die mit Buchs eingefassten orthogonalen Beete, exzentrisch im Bild eine Sonnenuhr.

△ In einem formalen Wasserbecken befinden sich Pflanzflächen mit Hochstammbäumen, der Garten wird von hohen Hainbuchenhecken gerahmt.

▷ Ein moderner architektonischer Garten im geometrischen Gleichmaß. Eine ungewöhnliche Pergola auf einem Podest kombiniert mit einem schwarzen Granitstein mit gleich hohen Wasserstrahlen. Die Bodenfläche der Blütenstauden erhielten eine Mulchschicht aus rot eingefärbtem Holzhäcksel.

▷ Die Struktur des formalen Gartens zeigt mehrere Gartenelemente die geschmackvoll aufeinander abgestimmt sind. Der rötliche Wegebelag ist mit hellen Betonsteinen eingefasst. Hochbeete aus Cortenstahl mit Blauschwingel bestückt, korrespondieren mit der grünen Wand aus hohem Chinaschilfgras. Eine schlichte gut konstruierte Pergola mit schwarzem Rahmen betont die Gartenarchitektur.

Frei gestaltete Gärten

Der Entwurf eines frei gestalteten Gartens wird je nach Gestaltungsidee und Nutzungsansprüchen sehr unterschiedlich aussehen.

Eine geplante Erdmodellierung mit Höhenlinien definiert die Geländeformen und beeinflusst auffällig die Raumwirkung. Sie ist nicht nur auf die äußeren Bereiche des Gartengeländes fixiert, sondern greift von außen nach innen. **Inselartige Erdmodellierungen** können im Gartenraum eine dominante Rolle übernehmen. Schwingende Hügelformationen in der Mitte verkürzen den Garten optisch. Beruhigende Rasenflächen erzeugen Weite und Raumtiefe, insbesondere bei leicht muldenförmiger Ausbildung. Die zwanglose Benutzbarkeit des Gartens ist Voraussetzung für einen angenehmen Aufenthalt im Freien. Mit begeh- und bespielbaren Rasenflächen wird dies problemlos erreicht.

Die Linienführung der Wege kann je nach Gestaltungsidee linear, bogenförmig, kreisförmig, breitwinkelig, in selteneren Fällen spitzwinkelig, bei kleinen Gärten meist rechtwinkelig sein. Die baulichen Elemente wie Mauern, Sichtschutzwände, Wasserbecken, Pavillons, Schutzdächer, Pergolen, Terrasse und Sitzplätze fügen sich in den Entwurf ein.

Der frei gestaltete Garten ist geprägt durch **organische Formen** mit der Tendenz zur Bildung von Nischen. Er ist im grenznahen Bereich ein Arrangement aus Bäumen, Sträuchern und Stauden; niedrig bepflanzte Räume wechseln mit geschlossenen Gehölzformationen ab, es entsteht ein abwechslungsreiches, **lebendiges Gartenbild**. Licht und Schatten beeinflussen stark die Gesamtwirkung.

Die Bepflanzung des Gartens geschieht in einer lockeren, ungezwungenen Weise und richtet sich neben den Gestaltungsaspekten vor allem nach den Standortbedingungen wie Boden, Klima, Licht und Schatten. Die Verwendung heimischer Bäume und Sträucher, insbesondere in ländlichen Gegenden ist vorteilhaft, um stabile und ökologisch wertvolle Gehölzgemeinschaften aufzubauen. Auf attraktive nicht einheimische Blütengehölze sollte trotzdem nicht verzichtet werden, sie prägen vornehmlich das Bild des inneren Gartenraumes und tragen wesentlich zur gestalterischen Steigerung bei.

Bei einer locker aufgebauten Rahmenpflanzung werden die Gehölze einzeln oder in Gruppen, in unterschiedlichen Abständen gepflanzt. Die Pflanzweise ermöglicht die Bildung von Nischen und verstärkt die optische Raumwirkung. Gleichzeitig entstehen ideale Standorte für Gehölz- und Gehölzrandstauden. Der Platzbedarf einer lockeren Rahmenpflanzung mit Gehölzen darf jedoch nicht unterschätzt werden. In Reihenhausgärten sind heimische Gehölze wegen ihrer Wuchsbreite für diesen Zweck meist ungeeignet. Eine einreihige Rahmenpflanzung aus standortheimischen Sträuchern nimmt mindestens eine Breite von 2 m in Anspruch. Zweireihige, **freiwachsende Hecken** benötigen die doppelte Breite und mehr. Bei der Bepflanzung ist darauf zu achten, dass nur wenige Gehölze mit Überhang eingesetzt werden, sie beeinträchtigen die Entwicklung der Stauden und lassen sie nur bedingt zur Geltung kommen. Breitere Pflanzabstände der Sträucher wären notwendig, um die offenen Zwischenflächen mit Staudenarten des Lebensbereiches Gehölz, auszufüllen. Gehölze ohne Überhang lassen dagegen mehr Licht auf den Boden fallen und ermöglichen somit ein besseres Wachstum der Stauden.

Direkt nach der Bepflanzung sieht der Garten noch recht unvollkommen aus. In dieser Zeit geht es in erster Linie darum, dass sich die Pflanzen an ihren neuen Standort gewöhnen und gut anwachsen. Die Entwicklung dauert in der Regel rund zwei Jahre. Kontinuierlich wird die gewünschte Raumwirkung erreicht. Der Schattenwurf der Bäume wird mächtiger. Bäume und Sträucher wachsen zu stattlichen Exemplaren. Die kleinklimatischen Verhältnisse haben sich verbessert. Nach 10–15 Jahren ist ein „reifer" Garten entstanden.

Reife Gärten mit langlebigen Gehölzen und Stauden besitzen je nach Größe eine besondere Ausstrahlungskraft. Es sind Gärten mit eigener Charakteristik, die man aufgrund von Pflanzenstrukturen, Farben, Licht und Schatten immer wieder bewundert.

▷ Der Blick in diesen Garten zeigt eine Vielfalt an bunten Stauden für den Sonnenbereich. Trockenmauer, Stufen und Belag harmonieren farblich.

◁ Mehrere Gartenräume werden durch Konkav- und Konvexformen gebildet. Die übergreifende Rasenfläche wird durch zungenförmige Pflanzungen raumbildend gegliedert. Ein Pflasterweg trennt Pflanz- und Rasenfläche, dadurch werden Pflegearbeiten erleichtert.

△ Gekonnte Bepflanzung mit Solitärgräsern und -stauden in einem seitlichen Gartenbereich.

△ Ein Ausstellungsgarten mit geschwungener Wegeführung und vielen immergrünen Zwerggehölzen, Gräsern und Stauden.

◁ Der Blick in diesen Garten zeigt einen zweiten Sitzplatz mit der vielgestaltigen leuchtenden Bepflanzung.

▷ Freiwachsende und geschnittene Vegetationsformen stehen auf engem Raum und sind das Gerüst der Grünarchitektur.

△ Die großen Blätter des Schildblattes (*Darmera peltata*) heben sich mächtig vor der dunklen Holzwand ab. Der Gartenweg besteht aus hintereinandergereihten Gitterrosten, die auf Holzbalken moniert sind.

▷ Die Mauernische bildet den Raum für eine Kleinplastik. Die harten Konturen werden durch Blütenstauden gemildert.

▷ Ein brillant gestalteter Gartenraum. Die niedrigen, mittleren und hohen Schattenstauden in einer rhythmischen Anordnung verleihen dem Garten sein besonderes Gepräge. Zurückhaltend treten die baulichen Elemente in Erscheinung.

Wege- und Oberflächengestaltung

Wege erschließen den Garten und verbinden einzelne Gartenbereiche miteinander. Der Weg durch den Vorgarten führt direkt vom Gehsteig zum Haus. Eine Wegeverbindung vom Hauseingang zur Garage ist unerlässlich. Der Gartenweg beginnt meist an der Terrasse und erschließt einzelne Gartenbereiche wie den Nutzgarten, den Sitzplatz oder andere Gartenentrichtungen, die man gerne aufsucht. Mitunter kann ein schmaler Weg an einer Hausseite vom Vorgarten zum rückwärtigen Garten eines Hauses von Vorteil sein. Für eine harmonische Flächengliederung ist ein klares Ordnungsprinzip der Wegeführung Voraussetzung. Zu viele Wege verursachen Unruhe.

Die Reduzierung auf einen Hauptweg mit schmalen Nebenwegen reicht in der Regel völlig aus. Ob der Weg linear oder bogenförmig verläuft, hängt von der Gestaltungsweise des Gartens ab. Lineare Wege führen direkt zum Ziel, sie können an markanten Stellen versetzt sein, wodurch kleine orthogonale Plätze entstehen. Bogenförmige Wege in größeren Gärten suggerieren Weiträumigkeit. Die Wegestrecken sind länger, sie fordern zum langsamen Gehen auf und laden zum Betrachten pflanzlicher Schönheiten ein. Aufweitungen von bogenförmigen Wegen formen Ruheplätze zum Aufstellen von Gartenstühlen oder einer Bank. Nebenwege können zu verborgenen Gartenbereichen hinführen, die idyllisch gelegen eine besondere Atmosphäre ausstrahlen. Wege können aber auch die Funktion von Blickachsen übernehmen. Sie enden dann meist vor einer pflanzlichen oder baulichen Dominante, oder öffnen den Blick in die freie Landschaft.

Mitbestimmend für die Wegeführung ist das Oberflächenmaterial. Während mit kleinformatigen Pflastersteinen elegante schwingende Wege hergestellt werden, sind großformatige Platten für geradlinig verlaufende Wege geeigneter. Gärten ohne Wege sind nur unter Einschränkungen begehbar.

Natursteinplatten

Natursteinplatten sind das hochwertigste Belagsmaterial in der Hausgartengestaltung. Die Oberfläche der Platten kann gesägt oder steinmetzartig bearbeitet sein. Neben den heimischen Natursteinen werden Platten und Pflastersteine aus der Schweiz, Italien, Portugal, Indien und China importiert. Ausländische Produkte sind oftmals farbintensiver als unser einheimisches Natursteinmaterial. Die zusätzlichen Transportkosten erhöhen jedoch meist den Preis.

> **Info**
> **Hauptsächlich verwendete Gesteinsarten**
> Tiefengesteine: Granit, Diorit und Syenit
> Ältere Gesteine: Porphyr, Melaphyr, Diabas, Trachyt
> Jüngere Gesteine: Basaltlava
> Sedimentgesteine: Kalkstein, Muschelkalk, Sandstein, Grauwacke, Quarzit, Phylit
> Metamorphe Gesteine: Gneis

Orthogonal verlegte Platten sind in der Regel 20–50 cm breit, sie werden in „Bahnen" angeboten, das heißt sie können in festen Breiten aber in unterschiedlichen Plattenlängen von 40–120 cm bezogen werden; die Plattendicke beträgt meist 4–6 cm. Abwechselnde Bahnbreiten und größere Plattenlängen ergeben ein schöneres Oberflächenbild als kürzere Platten. Gleichmäßige Fugenbreiten im Plattenbelag (5–10 mm) sind für ein harmonisches Erscheinungsbild wichtig. Unterschiedlich breite Fugen stören ungemein. Durch weitere Bearbeitungsarten wie Sandstrahlen, Stocken und Beflammen erscheinen gesägte Platten farbintensiver, werden griffiger und somit auch rutschfester.

Polygonalverbände aus Natursteinplatten mit unterschiedlich langen Seitenkanten ergeben einen wabenähnlichen, sehr schönen, ruhigen Belag. In kleinen Gärten kommen Polygonalplatten recht gut zur Geltung und sollten nicht mit anderen Belagsmaterialien „verwässert" werden. Voraussetzung ist allerdings ent-

▷ Ein wellenförmiger Gehweg aus Natursteinpflaster mit breiten Fugen erschließt den Garten und führt zum Hauseingang.

sprechend große Platten, nicht unter $\frac{1}{3}\,m^2$, zu verwenden. Ausgefranste, unregelmäßige Kantenlängen müssen gerade geschnitten werden, damit die nächste Plattenkante engfugig (10 mm) anschließen kann. Spitzwinkelige Platten sind unangebracht, ebenso lange geradlinige Fugen. Mehr als drei Fugen sollten in einem Polygonalverband nicht aufeinander treffen. Das Auszwickeln kleiner Zwischenflächen mit Mosaiksteinen ergibt ein unruhigeres Belagsbild. Breite Fugen können mit geeigneten, trittverträglichen Flächenstauden bepflanzt werden, was wesentlich besser aussieht.

Natursteinpflaster

Natursteinpflaster sind eine sehr alte Belagsart, die sowohl wegen ihrer Dauerhaftigkeit als auch wegen ihrer Schönheit sehr beliebt ist. Allerdings ist Natursteinpflaster gegenüber anderen Wegebelägen auch relativ teuer.

Pflasterbeläge erfordern immer eine Tragschicht, die je nach Verkehrsbelastung und Bodenverhältnissen unterschiedlich dick sein kann. Im Hausgarten genügen hydraulisch gebundene Tragschichten, während bei stärkerer Verkehrsbelastung bituminöse Tragschichten oder Betontragschichten gefordert sind.

Seitlich werden Pflasterwege- und Plätze mit Randzeilen aus dem gleichen Steinmaterial oder mit Kantensteinen begrenzt. Sie erhalten ein Betonbett mit Betonkeil. Wir unterscheiden drei Arten des Pflasterns:
- Unregelmäßige Pflasterung: Die Steine werden dicht an dicht ohne vorgegebene Richtung versetzt; vorwiegend bei Mosaikpflaster.
- Reihenpflasterung: Die Pflastersteine werden in geraden Reihen, quer zur Gehrichtung versetzt; hauptsächlich bei Klein- und Großpflaster.
- Bogenpflasterung: Die Steine werden bogenförmig versetzt. Durch Verkeilen der Steine ergeben sich stabile Pflasterflächen. Bogenpflaster ist durch gelernte Steinsetzer vorwiegend mit Kleinpflastersteinen auszuführen.

Die Segmentbogenform und das Schuppenpflaster sind verfeinerte Formen der Bogenpflasterung.
Die Segmentbogenform ist das häufigste Verlegemuster. Es erfordert unterschiedlich große Pflastersteine, um fachgerecht regelmäßige Segmentbögen herzustellen.
Mit Schuppenpflaster wird ein effektvolles Aussehen erreicht, wenn Schuppenränder mit farblich anderen Pflastersteinen hergestellt werden. Das erfordert allerdings besonderes handwerkliches Geschick.

Kieselpflaster

Rundliche Formen von Kieselsteinen oder gespaltene Kieselsteine werden in ein Betonbett versetzt. Die Spaltfläche zeigt nach oben.

Pflasterwälle

Während in früheren Jahren geschwungene Pflasterflächen aktueller waren, hat die Akzeptanz dieser Gestaltungsformen nachgelassen. In Spielbereichen, Wasseranlagen, eventuell zur Einfassung von erhöhten Pflanzflächen kommen sie primär zur Anwendung. Auf einer Betontragschicht werden die Pflastersteine in Zementmörtel versetzt und im Anschluss mit einer fertigen Fugenvergussmasse oder Zementmörtel ausgefugt.

Böschungspflaster

In besonderen Fällen werden Böschungen gepflastert. Um die Stabilität und Dauerhaftigkeit der schrägen Pflasterfläche zu erhöhen, ist am Fuß der Böschung ein frostfrei gegründetes Betonfundament als Widerlager einzubauen. Der geneigte Pflasterunterbau kann aus einer Magerbetonschicht (10–15 cm dick) oder bei geringer Beanspruchung und flachen Böschungen aus gut verdichtetem Mineralbeton bestehen. Während beim Betonunterbau die Pflastersteine in Zementmörtel versetzt und mit dem gleichen Material ausgefugt werden, genügt beim Unterbau aus Mineralbeton ein Versetzen in Splitt oder Brechsand. Die Fugenbreite beträgt etwa 1 cm.

Betonsteinpflaster

Die hohe Qualität der Betonpflastersteine basiert auf DIN 18501. Hier sind Qualitätsanforderungen und Abmessungen festgelegt. Die Vielfalt der Betonpflastersteine ist nahezu unüberschaubar und die Auswahl eines geeignete Materials fällt entsprechend schwer.

Betonpflastersteine mit Vorsatz sind zweischichtig. Die Ansichtsfläche besteht aus einer Natursteinsplittoberfläche, die in hohem Maße rutschfest ist. Das Versetzen von Betonpflastersteinen ist einfacher und geht schneller als bei Natursteinpflaster. Beläge für größere Platz- und Wegeflächen können mit speziellen Verlegegeräten hergestellt werden. Großformatigere Betonplatten beispielsweise in den Abmessungen 20×20 und 25×25 cm eigen sich für bestimmte gestalterische Zwecke.

Die Gruppe der Verbundpflastersteine dient in erster Linie für befahrbare Verkehrsflächen, für Gartenwege spielen sie kaum eine Rolle. Gelegentlich sieht man sie noch vor Garageneinfahrten, denn beim Befahren werden durch die Verzahnung der Steine, die Horizontalkräfte besser übertragen

Betonverbundsteine wurden in den 1960er- und 70er-Jahren noch häufiger in Gärten verwendet. Die modernen Betonpflastersteine mit den veredelten Oberflächenstrukturen sind heute aber weitaus beliebter.

Oberflächen von Betonpflastersteinen
- Wassergestrahlte Oberflächen; die Zuschlagstoffe werden sichtbar.
- Splittvorsätze aus Naturstein, in mehreren Farbvarianten, feingestrahlt oder feingewaschen.
- Imitation von Natursteinoberflächen; sehr künstlich; nicht immer empfehlenswert.
- Kopfsteinpflaster aus Beton in mehreren Farben und Größen; nostalgisches Pflaster.

Pflasterklinker

Pflasterklinker haben eine große Bedeutung in Gebieten ohne Natursteinvorkommen. Traditionsgemäß entstehen in Norddeutschland und in den Niederlanden Wege und Plätze aus diesem Material. Die schönen Farbvariationen der Pflasterklinker in warmen und kalten Farben, die gute Griffig- und Begehbarkeit des Belages machen sie zu einem hochwertigen Baustoff.

Klinker sind gebrannte Vollziegel aus Ton. Sie werden bis zur Sinterung auf 1 200 bis 1 300 °C gebrannt und sind frostbeständig. Klinkerplatten, Pflasterklinker und Verbundpflasterklinker werden im Handel angeboten.

Mit der reichen Auswahl an Pflasterklinkern können interessante Zierverbände hergestellt werden, die durch ihr schönes Erscheinungsbild den Wegebelag zu etwas Besonderem machen.

Holzdecks und -pflaster

Holzterrassen, Holzpodeste und Wegebeläge aus Holz sind im Trend. Bei korrekter Bauweise sind diese Bauwerke belastbar, witterungsbeständig und langlebig. Sie bilden einen guten Übergang zwischen Haus und Garten.

Holzpflasterbeläge werden aus Rundholzscheiben, würfelförmigen Holzklötzen oder aus Rechteck-Klötzen hergestellt. Um die Lebensdauer der Hölzer zu verlängern ist eine Tiefdruckimprägnierung mit wasserlöslichen Holzschutzmitteln (Chrom-Kupfer-Borsalze) unumgänglich. Hartholzpflaster ist gegenüber Weichholzpflaster weitaus dauerhafter, aber im Preis auch teurer. Tropenhölzer aus Plantagenanbau erfordern zunächst keine Imprägnierung. Darüber hinaus werden im Handel imprägnierte Holzroste in den Abmessungen 50×50, 100×50 und 100×100 cm angeboten, die häufig auf Dachterrassen zum Einsatz kommen. Durch einen Betonuntergrund und erhöhte Luftbewegung trocknen die Roste rasch ab und bleiben dadurch längere haltbar.

Generell ist die Haltbarkeit von Holzdecks und -pflaster begrenzt. Mit Algen behaftete Holzbeläge sind bei Feuchtigkeit rutschgefährdet und müssen demzufolge öfter gereinigt werden. Ein rasches Abtrocknen des Holzes nach Regenfällen ist entscheidend für die Haltbarkeit. Eine wasserdurchlässige Tragschicht aus Schotter und eine Splittschicht (3/5 mm) ist hierfür Voraussetzung.

Holzpflaster wird mit Fugen versetzt. Die Fugenbreite beträgt bei Würfelpflaster 5–10 mm; Rundholzscheiben sollten ebenfalls mindestens 5 mm Abstand von Rand zu Rand aufweisen. Infolge der Wasseraufnahmefähigkeit und der damit verbundenen Quelleigenschaft der Hölzer können bei Belägen ohne Fugen Aufwölbungen entstehen. Die Fugen werden mit Sand oder Feinsplitt geschlossen. Anschließend wird der Belag abgerüttelt.

Wassergebundene Wegedecke

Wassergebundene Wege sind angenehm zu begehen, sie sind elastischer als Pflasterbeläge, sehen ruhig und natürlich aus. Bei kleineren Flächen werden wassergebundene Wegedecken von Hand hergestellt. Die einzubauenden Materialien müssen ausreichend durchmischt und feucht sein. Im trockenen Zustand befindliche Materialien entmischen sich leicht und ergeben keinen gleichmäßigen Aufbau. Die Deckenoberfläche muss homogen erscheinen und entwässerungstechnisch funktionieren. Leichte Regenfälle versickern nahezu komplett in der Decke. In Hausnähe sind wassergebundene Wegedecken jedoch problematisch, weil leicht Schmutz ins Haus getragen werden kann. Wassergebundene Decken erfordern einen erhöhten Pflegeaufwand. Sie neigen zur Staubentwicklung, wenn die Oberschicht nicht mehr durchfeuchtet ist, Unkrautbewuchs ist schwierig zu entfernen und der Einsatz von Kehrmaschinen ist nicht möglich. Die Oberfläche von viel begangenen Wegen wird bei Niederschlägen matschig und für Gehwege mit über 6 % Längsgefälle sind wassergebundene Decken wegen stärkerer Auswaschungsgefahr nicht geeignet. Ein Nacharbeiten der Decken und ein eventuelles Ausbessern abgetragener Stellen ist sehr aufwändig.

Rasenpflaster, Rasengittersteine, Rasenklinker

Rasenpflaster und Rasengittersteine sind stabile Beläge, die mit grasbewachsenen breiten Fugen trotz des noch sichtbaren Betonanteils ein nahezu grünes Erscheinungsbild ergeben. In der Hausgartengestaltung lassen sich damit in erster Linie Oberflächen für Stellplätze und Garagenvorplätze herstellen. Rasenpflaster ist auch für Gartenwege und Sitzplätze geeignet, wenn schmale Fugen von 1,5–2 cm Breite eingehalten werden. Das Begehen von Rasenpflasterbelägen mit breiteren Fugen ist nicht sehr angenehm.

Die ökologische Bedeutung der „grünen Beläge" hat einen hohen Stellenwert, sie versiegeln nicht die Bodenoberfläche, das Niederschlagswasser wird teilweise aufgenommen und dem Wasserkreislauf wieder zugeführt.

Mosaik- und Kleinpflastersteine sind für grüne Belagsflächen nicht geeignet; die Pflastersteine aus Beton oder Natursteinen müssen entsprechend groß sein. Steinformate von 16 × 16 cm, 8–12 cm dick, die mit 3 cm breiten Fugen versetzt werden haben sich gut bewährt.

Der Baustoffhandel bietet Rasenpflastersteine mit ausgeformten Abstandshaltern aus Beton an, die einfacher und schneller zu verlegen sind als Großpflastersteine aus Natursteinen.

Für die Fugenausfüllung wird ein Gemisch aus Oberboden, Sand und Splitt verwendet. Die in die Fugen einzusäende Rasenmischung sollte widerstandsfähig gegen Trockenheit sein. Ein höherer Anteil an horstbildenden gegenüber ausläuferbildenden Gräserarten ist empfehlenswert.

Außerdem werden im Handel Rasenklinker und Gitterplatten aus Kunststoff angeboten. Die Rasenklinker bieten eine gute Begehbarkeit und sind für Hausgartenwege und Sitzplätze gut geeignet. Gitterplatten aus Kunststoff bestehen aus recyceltem Material, sind

▷ Bei der Gartenplanung kommt es nicht nur auf die Wegeführung an, sondern auch auf Material und Detailgestaltung.

stoßfest und haben ein geringes Eigengewicht. Das Gitter der Platten ist sechs- oder rechteckig. Die geringe Plattendicke erfordert eine 5 cm dicke Oberbodenschicht unter der Kunststoffplatte, um ein Gelbwerden und Austrocknen der Gräser zu verhindern. Für Gehwege im Garten sind Kunststoffplatten nur unter Vorbehalt geeignet, da Schuhe mit Absatz leicht einsinken können.

> **Info**
> **Mögliche Gräsermischung für Rasenfugen**
> 30 % Horstrotschwingel
>   (Festuca nigrecens)
> 15 % Ausläuferrotschwingel
>   (Festuca rubra subsp. rubra)
> 15 % Hartschwingel
>   (Festuca ovina subsp. duriuscula)
> 40 % Wiesenrispe
>   (Poa pratensis)
> Die Aussaatmenge beträgt 15–20 g/m^2.

Schotterrasen

Schotterrasenflächen sind nicht für permanente Benutzung beispielsweise als Parkflächen geeignet. Schotterrasen besteht aus einem Gemisch von Grobschotter und Oberboden, wobei der Oberbodenanteil ein Viertel des Gesamtvolumens ausmacht. Die Gräserwurzeln wachsen in die mit Oberboden gefüllten Zwischenräume des Grobschotters, verfestigen diese und ergeben eine stabile Schotterschicht. Die Grasnarbe zwischen den Steinen ist geschützt und wird durch Befahren nicht zerstört. Die mit Schottersteinen belegte Oberfläche ist für Fußwege nicht gut geeignet.

Eine 2–3malige Düngung während der Vegetationszeit fördert das Wachstum der Gräser, sie behalten ihr grünes Aussehen, bei trockener Witterung muss Schotterrasen gewässert werden.

Wegedecken aus Baumrinde und Holzhäcksel

Wege aus Baumrinde und Holzhäcksel sind angenehm zu begehen und passen gut in naturnahe Gärten, in Waldgärten oder in landschaftliche Anlagen. Wegen ihres organischen Ursprungs sind sie jedoch nur begrenzt haltbar. Mit der Zeit zersetzen sich die organischen Materialien, werden bei Nässe weich und schmierig, bei Trockenheit neigen sie zur Staubbildung. Eine sickerfähige Tragschicht ist Voraussetzung für eine gewisse Haltbarkeit der Holzbaustoffe. Nach der Zersetzung des Holzes, wird dieses beseitigt und durch eine neue Deckschicht ersetzt. Für dauerhafte Wege ist zerkleinertes Holz jedoch nicht geeignet.

Kombinierte Belagsflächen

Verschiedenartige Belagsmaterialien zum Beispiel Betonplatten und Natursteinpflaster können zur gestalterischen Effektwirkung kombiniert werden. Die Gestaltungsmöglichkeiten sind vielseitig. Streifen aus Natursteinpflaster gliedern uniforme Betonplattenbeläge oder Pflasterzeilen rahmen Plattenflächen ein. Vielgestaltige Verlegemuster von unterschiedlichen Materialien mit dezenten Farbunterschieden, ergeben überzeugende Belagsbilder. Kombinationen von Klinker- und Natursteinpflaster sind hochwertige Beläge, die in Zierverbänden eine harmonische Einheit bilden.

Oberflächenentwässerung

Die Ableitung des Oberflächenwassers auf Wegen und Plätzen, ist Voraussetzung für die einwandfreie Benutzung und Dauerhaftigkeit dieser Gartenelemente. Falls Maßnahmen der Oberflächenentwässerung nicht richtig geplant sind oder vernachlässigt werden, entstehen Wasserlachen, die die Benutzung erheblich einschränken. Stehendes Wasser dringt in den Wegeaufbau ein, vermindert die Stabilität und nach der Frostperiode können erhebliche Schäden auftreten. Bei Regenschauern muss auf der gesamten Wegeoberfläche das Wasser rasch abfließen und darf an keiner Stelle stehen bleiben. Angrenzende Flächen sind so zu gestalten, dass Niederschlagswasser nicht in Wege- oder Platzflächen einfließen kann. Bei geneigten Flächen ist durch Mulden das Oberflächenwasser zu sammeln und abzuleiten.

Die Entwässerung kleiner Wege- und Platzflächen erfolgt in der Regel in die angrenzende Vegetationsfläche. Dies ist die einfachste Art das Wasser abzuleiten und aufzunehmen. Beim Abfließen des Wassers in die Vegetation kann am Wegerand ein aufgeweichter Boden entstehen.

Größere Wege- und Platzflächen erhalten eigene Entwässerungsanlagen. Zwei Kategorien von Entwässerungsanlagen werden dabei unterschieden:
- Offene Entwässerungsanlagen wie Mulden und Gräben, sind für kleine Grünflächen und Hausgärten ohne Bedeutung.
- Geschlossene Entwässerungsanlagen. Das Oberflächenwasser wird über Abläufe und Rinnen aus Be-

ton, Kunststoff oder Stahl mit Abdeckrosten oder schmalen Einlaufschlitzen aufgefangen und abgeleitet.

> **Info**
>
> Konstruktionsaufbau und Baustoffe der Wege bestimmen, ob es sich um eine offene, sickerfähige oder geschlossene Wegedecke handelt.
>
> **Offene Decken**
> Wassergebundene Wegedecken, Kies- und Schotterwege, Rindenmulchwege.
>
> **Sickerfähige Decken**
> Pflaster- und Plattenwege, Rasenpflaster.
>
> **Geschlossene Decken**
> Asphaltwege, dichte Kunststoffbeläge, Metallflächen.

Oberflächengefälle von Wegen und Plätzen

Die Oberflächenbeschaffenheit befestigter Flächen wirkt sich entscheidend auf die Fließgeschwindigkeit des Wassers aus. Rauhe Wegedecken benötigen ein stärkeres Gefälle als glatte Oberflächen. Ein Gefälle von 2–3 % wird beim Begehen visuell als waagerechte Ebene wahrgenommen.

Bei **Wegeflächen** in der freien Landschaft oder bei Gartenanlagen ist auf Grund der Topographie meist ein Wegelängsgefälle vorhanden. Selten werden Wege eben geplant. Für das schnelle Ableiten des Oberflächenwassers ist das Quergefälle entscheidend. Je nach Neigungsgrad in Längs- und Querrichtung fließt das Wasser auf kurzer oder längerer Strecke zum Wegrand und wird hier durch Wasserführungselemente (Kantensteine o. ä.) zu den Abläufen weitergeleitet. Wege mit stärkerem Längsgefälle können durch Querrinnen entwässert werden. Wege, die nur ein Längsgefälle aufweisen beispielsweise ein- oder mehreren Treppenläufe werden durch Kastenrinnen mit Abdeckrosten an der Austrittstufe entwässert.

Bei **Platzflächen** unterscheidet man zwei Prinzipien der Oberflächenentwässerung:

- Trichterförmige Entwässerung
  Für ebene Flächen gut geeignet, die Ränder sind gleich hoch, der Ablauf liegt in der Mitte der Fläche. Größere Plätze werden unterteilt in mehrere kleine trichterförmige Bereiche.
- Dachförmige Entwässerung
  Im Gegensatz zu der trichterförmigen Entwässerung liegen bei der dachförmigen Entwässerung die Abläufe und Entwässerungsrinnen am Rand der Platzfläche. Auch ebene Flächen können bei entsprechender Oberflächenneigung dachförmig entwässert werden. Unregelmäßige Flächen können gemischt entwässert werden, d. h. je nach Beschaffenheit, werden einzelne Bereiche dachförmig, andere wiederum trichterförmig entwässert.

Entwässerungseinrichtungen

Hofabläufe: Hofabläufe bestehen aus einem Aufsatz in runder oder quadratischer Form, einem oder mehreren Ausgleichsringen, einem Schaft mit verzinktem Schlammeimer in kurzer oder langer Form und einem Bodenteil mit oder ohne Geruchsverschluss. Die Leistungsfähigkeit eines Hofablaufes ist abhängig vom Einlaufquerschnitt und der zu entwässernden Fläche. Ein Hofablauf reicht für ca. 200 m² Einzugsfläche aus und findet Verwendung bei Garageneinfahrten, Terrassenflächen, Innenhöfen und Fußwegen.

Entwässerungsrinnen: Entwässerungsrinnen bestehen aus Beton oder Polyesterbeton. Sie werden als Kastenrinnen mit 0,6 % Innengefälle eingebaut. Die Oberkante der Rinne verläuft waagerecht. Roste für Kastenrinnen als Stegrost feuerverzinkt; als Schlitzrost aus Gusseisen oder Polyesterbeton; zusätzlich Sink- und Einlaufkästen. Einsatzbereich wie bei den Hofabläufen.

Rohrleitungen

- Steinzeugrohre mit Formteilen
- Betonrohre mit kreisförmigem Querschnitt und mehreren Formteilen; Verwendung für Regenwasserkanäle.
- Kunststoffrohre aus PVC hart (Polyvenylchlorid) oder PE hart (Polyethylen); Verwendung für Wasser- und Gasleitungen. Für Hausgärten und kleinere Baumaßnahmen werden PVC Rohre als Regen- und Schmutzwasserleitungen verwendet. Sie können schnell und einfach verlegt werden, verfügen über große Rohrlängen und haben ein geringes Eigengewicht.

Kontrollschächte

Schächte dienen zur Überprüfung und Reinigung der Rohrleitungen. Schächte können gemauert oder betoniert oder aus Betonfertigteilen zusammengesetzt sein. Betonfertigteilschächte bestehen aus:

- Schachtabdeckung, bestehend aus Rahmen und Deckel mit Schmutzfang.
- Auflageringe zur Auflage für die Schachtabdeckung und zur Anpassung an die Geländehöhe.
- Schachthals mit Steigeisen.
- Schachtringe mit Steigeisen.
- Boden als Betonfertigteil.

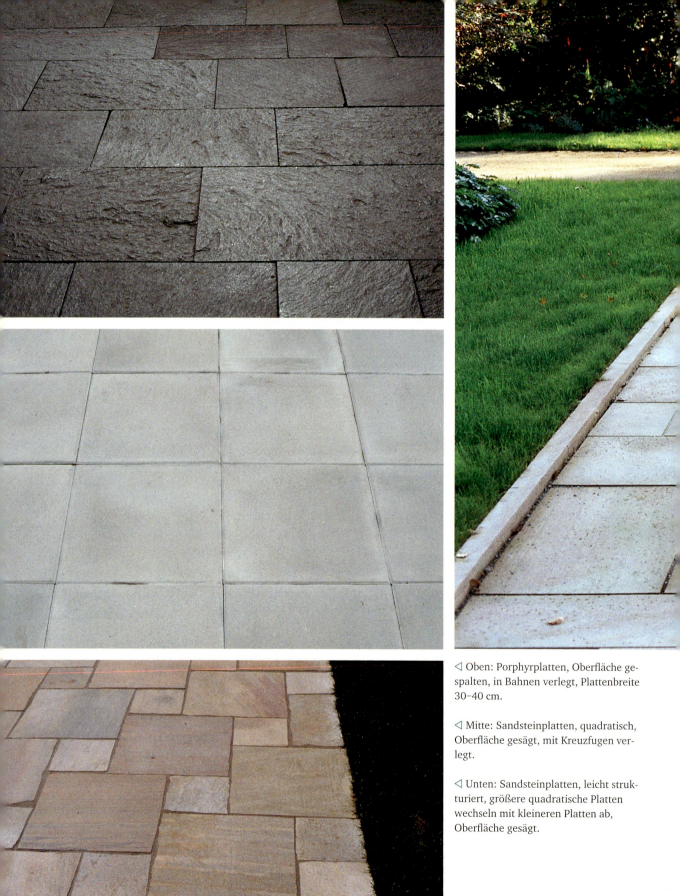

◁ Oben: Porphyrplatten, Oberfläche gespalten, in Bahnen verlegt, Plattenbreite 30–40 cm.

◁ Mitte: Sandsteinplatten, quadratisch, Oberfläche gesägt, mit Kreuzfugen verlegt.

◁ Unten: Sandsteinplatten, leicht strukturiert, größere quadratische Platten wechseln mit kleineren Platten ab, Oberfläche gesägt.

△ Sandsteinplatten, Oberfläche gesägt, im römischen Verband verlegt. Die Kantensteine aus dem gleichen Material sind etwas höher eingebaut als der Wegebelag.

◁ Polygonale Sandsteinplatten, Oberfläche gesägt, Kanten geschnitten, mit hellen Linien durchzogen. Kleinere und größere Platten wechseln sich ab und bilden einen ruhigen harmonischen Belag.

△ Unregelmäßiger Belag aus Natursteinplatten mit sehr breiten Fugen, die mit Basalt-Mosaikpflaster ausgefüllt sind. Die Plattenkanten sind unregelmäßig gebrochen.

△ Polygonal verlegter Belag aus Basaltlavaplatten, Randbereiche werden durch einzelne Findlinge betont.

◁ Gartenweg aus Muschelkalkplatten, 60–70 cm breit, unregelmäßige Platten und Kanten.

▷ Polygonaler gelbgrauer Sandsteinplattenverband mit gesägter Oberfläche und geschnittenen Kanten, engfugig verlegt.

△ Natursteine unterschiedlicher Dicke als Wegebelag mit verschieden breiten Fugen verlegt. Die Fugen sind, teilweise mit Ziergräser bepflanzt.

▷ Wild verlegte, nur teilweise aneinanderstoßende polygonale Einzelplatten aus Basalt. Die großen Zwischenflächen sind mit hellem Mosaikpflaster belegt.

▷ Kleinstrukturierter Wegebelag aus Muschelkalksteinen mit natürlicher Oberfläche. Die Fugen sind noch mit Kalksplitt zu verfüllen.

◁ Granitsteine als Groß-, Klein- und Mosaikpflaster mit einzelnen quadratischen Granitplatten unregelmäßig als Pflasterweg verlegt. Die Randsteine sind in ein Betonbett gesetzt und mit einem Betonkeil gegen seitliches Abkippen stabilisiert.

◁ Mischbelag aus Porphyrplatten mit Kleinpflaster aus dem gleichen Material. Die Wegränder ufern in die Vegetationsfläche aus.

▷ Sehr lebendig gestalteter Mischbelag aus gebrauchtem Kleinpflaster in grau und anthrazit, zusammen mit roten Klinkersteinen.

△ Schmaler Gehweg in Segmentbogenform mit Porphyr-Kleinpflaster belegt. Die geradlinige Randeinfassung wird von Bodendecker locker überwachsen.

▷ Porphyrpflasterweg in Segmentbogenform mit einer geradlinigen Randeinfassung aus Granit-Kleinpflaster.

▷ Kombinierter Belag aus Natursteinplatten, Basaltpflaster und Klinkersteinen, unregelmäßig verlegt.

◁ Oben: Geschwungener Gehweg aus Granit-Kleinpflaster in Segmentbogenform. Die Randeinfassung aus Großpflaster ist in Beton gesetzt.

◁ Mitte: Granit-Kleinpflaster in Reihen verlegt. Die Einfassung aus Porphyr-Großpflaster ist in Beton gesetzt und mit einem Betonkeil stabilisiert.

◁ Unten: Muschelkalkpflaster, Größe 15 × 15−22 cm, Oberfläche bruchrau, in Reihen gepflastert.

△ Stufenweg aus Granit-Kleinpflaster, Stufen aus rotem Sandstein.

◁ Wegebelag aus Porphyr-Kleinpflaster als Schuppenpflaster verlegt, farbliche Akzentuierung der Schuppenränder mit Granit-Kleinpflaster.

△ Einfassung einer Schotterfläche aus Muschelkalk-Großpflaster auf Betonbett. Das angrenzende Pflanzbeet wird so kaum mit Schottersteinen verunreinigt.

◁ Ein Schrittplattenweg aus Muschelkalkplatten mit gebrochenen Kanten trifft auf den Hauptweg aus Granit-Kleinpflaster in Reihenpflasterung. Die breiten Fugen sind mit Sternmoos (*Sagina subulata*) bepflanzt.

▷ Gehweg aus Natursteinpflaster mittiger Streifen Mosaikpflaster, Seitenstreifen Kleinpflaster, Randeinfassung Kleinpflaster auf Betonbett.

△ Die Trittsteine aus unregelmäßigen Sandsteinplatten sind in bunte Kieselsteine verlegt und angrenzend mit Stauden und Gräsern bepflanzt.

▷ Trittsteinweg aus abgeschliffenen großen Kieselsteinen, fernöstlicher Gartenstil.

◁ Oben: Bogenförmiger Weg aus rotem Betonpflaster mit einer Einfassung aus farblich abgesetzten Quadratpflastersteinen.

◁ Unten: Quadratpflastersteine mit Kreuzfugen verlegt. Die Randsteine sind in Beton gesetzt.

△ Platzfläche aus Beton-Kleinpflaster, halbkreisförmige Ornamente aus anthrazitfarbenen Pflastersteinen.

◁ Abknickender Betonpflasterweg im Fischgrätenverband. Die, an die Rollschicht angrenzenden Belagssteine nennt man Bischofsmütze.

◁ Gerumpelte Pflastersteine, d. h. Pflastersteine mit gebrochenen Kanten, rötlich eingefärbt und als Platzfläche verlegt.

◁ Platzfläche aus hellgrauem Quadratpflaster mit unregelmäßigen Streifen aus Muschelkalksteinen.

▷ Weg aus quadratischen Betonplatten. Die Ränder sind bogenförmig geschnitten.

▷ Betonpflasterweg mit einseitigem bunten Kieselsteinband. Die Randzeile ist durch ein Betonbett fixiert.

▷ Gehweg aus Ortbeton, rhythmische Gliederung durch gegensätzlichen Fugenverlauf.

◁ Platzfläche aus gleichmäßigen Ortbetonelementen mit etwa 10 cm breiten wirkungsvollen Rasenfugen.

△ Glatte Betonoberfläche mit eingedrückten Blatttexturen.

△ Der Trittplattenweg gliedert durch verschieden lange Plattenstreifen aus Beton den Gartenraum.

◁ Modern: Quergliedernde Ortbetonstützen liegen in blauem Glassplitt.

▷ Klassischer Schrittplattenweg aus Betonplatten mit angrenzenden Staudenflächen, Schrittmaß 65 cm von Plattenmitte zu Plattenmitte.

▷ Wellenförmige Strukturplatten aus Beton. Gerillte und glatte Platten sind im Wechsel verlegt.

▷ Platzfläche aus quadratischen Betonplatten. Die breiten Fugen sind mit gelbgrauen Betonsteinen ausgefüllt. Teilweise fehlen die Betonplatten und die Flächen wurden mit Splitt verfüllt.

△ Oben: Betonpflaster mit gebrochenen Kanten in unterschiedlich breiten Reihen verlegt und mit farbigen Mosaiksteinchen ergänzt.

△ Unterschiedlich große Plattenflächen einer Platzfläche sind durch rote Metallstreifen (eloxiert) strukturiert. Die Betonplatten sind im römischen Verband verlegt.

△ Der dreifarbige kontrastreiche Betonplattenbelag bildet ein abstraktes Flächenmuster.

◁ Rechteckige Pflasterklinker im Läuferverband verlegt. Die Wegebegrenzung bilden im Hochformat in Beton versetzte Klinkersteine.

△ Platzfläche aus Pflasterklinker im Läuferverband (Halber Verband) längs zur Gehrichtung verlegt. Akzentuierung durch 4-reihiges gelbgraues Granitpflaster.

◁ Weg aus gelbbraunen Pflasterklinkern im Fischgrätverband mit Randeinfassung, beidseitige Wegeverbreiterung durch farblich angepasste Schotterstreifen.

▷ Ausdrucksstarker Gartenweg im Fischgrätverband mit eingelegten unterschiedlich großen Beton- und Keramikplatten.

▷ Schwungvolle Platzgestaltung mit hochformatig verlegten hellen und dunklen Pflasterklinkern, farbliche Betonung des beidseitigen breiten Klinkerstreifens.

▷ Eine ungewöhliche Wegegestaltung: Kleiner Gartenweg aus verzinkten Stahlrosten.

△ Oben: Der schmale Gartenweg aus verzinkten Stahlrosten ist auf querliegende Hartholzbalken montiert. Detail zu Bild zuvor.

◁ Stahlroste als Weg über ein formales Wasserbecken.

△ Holzdeck aus breiten Brettern auf einer Kantholzunterkonstruktion und Punktfundamenten. Kubische Sitzelemente ohne Lehne aus dem gleichen Baustoff laden zum Verweilen ein.

◁ Einfaches Holzdeck und Weg aus Holzbrettern, die mit nichtrostenden Holzschrauben auf Kanthölzern befestigt sind.

▽ Holzdeck mit Sitzelementen und tiefer liegenden Blumenbeeten.

△ Rustikaler Holzbelag aus gebrauchten Eisenbahnschwellen mit angrenzenden Ziergräsern. Alte Eisenbahnschwellen können allerdings gesundheitsgefährdende Teeröle ausscheiden und sind deshalb im Garten nicht zu empfehlen.

▽ Holzscheiben sind in unregelmäßigen Abständen in eine Kiesfläche eingebaut.

△ Holzscheiben sind dicht an dicht eingebaut, die Zwischenräume sind mit Splitt verfüllt.

▷ Wassergebundene Wegedecke beidseitig mit Pflasterklinker eingefasst.

△ Wassergebundene Wegedecke ohne Wegebegrenzung mit angrenzenden niedrigen Gehölzen.

▷ Wassergebundene Wegedecke mit Großpflaster aus Porphyr begrenzt. Ein schlichter und unaufdringlicher Belag.

◁ Oben: Dem Baumbestand angepasster geschwungener Weg mit wassergebundener Decke, Einfassung aus Großpflaster-Natursteinen.

◁ Mitte: Haupt- und Nebenweg mit wassergebundener Decke. Ein Markierungsstein kennzeichnet die Weggabelung.

◁ Unten: Schotterweg beidseitig mit Basaltplatten, bruchrauhe Oberfläche, eingefasst.

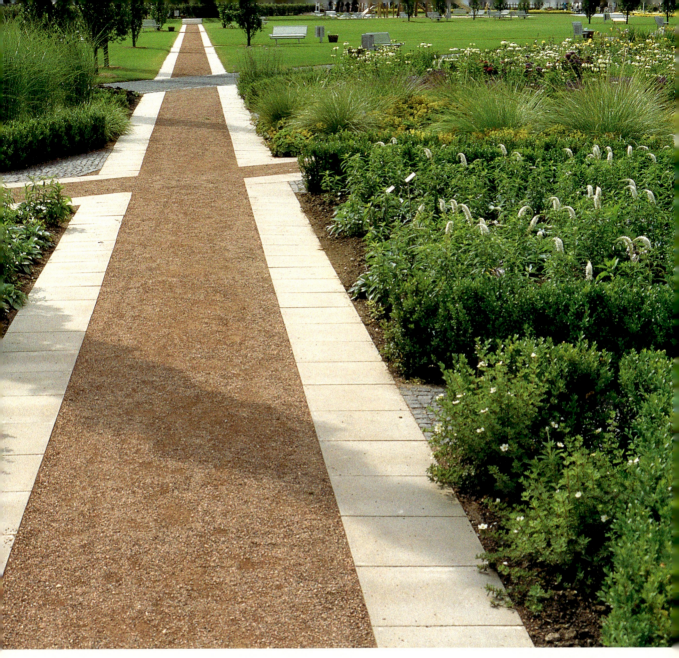

△ Expressiver linearer Weg mit 60 cm breiten hellen Betonplatten begrenzt. Der Belag besteht aus rotem Ziegelsplitt.

◁ Stellplätze mit Rasengittern aus Kunststoff. Die Markierungsstreifen sind mit Betonpflaster ausgebildet.

△ Schotterrasen.

△ Pflastersteine mit 3 cm breiten Rasenfugen ergeben einen effektvollen Belag.

◁ Mit Strapazierrasen bewachsene Rasengittersteine können als Stellplatzfläche dienen.

▷ Ein breiter Holzhäckselweg als Trimm-Dich-Pfad führt durch die öffentliche Grünanlage.

▷ Geschwungene Ornamente aus blauen Mosaikscherben erwecken den Anschein eines kleinen Baches. Die Zwischenräume sind mit kleinen Kieselsteinen ausgefüllt.

△ Ein ungewöhnlicher Wegebelag aus Recyclingmaterialien.

▷ Lineare Profilstahleinlagen tragen zur optischen Verlängerung der Platzfläche mit bei.

△ Ein Gehweg aus Cortenstahl schwebt über die Oberfläche eines großen Wasserbeckens.

▷ Oben: Schwingend führen schmale Gehwege aus Hartholz über uniforme Bodendeckerflächen.

▷ Mitte: Kastenrinne mit gusseisernem Abdeckrost. Die Rinne ist mit Granit-Großpflaster eingefasst.

▷ Unten links: Straßenablauf, Aufsatz mit Rost, rechteckig für befahrbare Bereiche. Die Pflasterkante leitet das Wasser in den Ablauf.

▷ Unten rechts: Straßenablauf in Pflastermulde aus Granit-Großpflaster.

Geschüttete Bodenbeläge und Findlinge

Geschüttete Bodenbeläge aus runden Kieselsteinen oder gebrochenem Splitt und Schotter sind geeignete Materialien für harmonisch gestaltete Gärten. Die kontrastierende Wirkung mit der Vegetation führt zu einem belebenden Erscheinungsbild. In der Barockzeit hat man die Bedeutung von farbigem Kies erkannt und mit Buchs eingefasste Flächen effektvoll gestaltet. In den heutigen Gärten wird das Naturmaterial wieder verstärkt verwendet. Gebrochener Splitt und Schotter wird aus Gesteinsblöcken durch Zertrümmerung gewonnen, während Kiesel in Gebirgsbächen und Flüssen durch die Fliessgeschwindigkeit des Wassers transportiert und im Laufe der Zeit rundlich abgeschliffen wird. Ob nun Kies oder Splitt im Garten verwendet wird, ist eine Frage der Oberflächengestaltung und letztendlich des persönlichen Geschmacks. Beide Natursteinprodukte sehen gut aus, jedoch haben sich in den letzten Jahren Splitt und Schotter stärker in der aktuellen Landschaftsarchitektur durchgesetzt. Die Gleichartigkeit der verwendeten Materialien spielt eine wichtige Rolle; bestehen beispielsweise schon feste Bodenbeläge und Mauern aus einem bestimmten Naturstein, so sollte der geschüttete Bodenbelag aus Splitt oder Schotter hiervon nicht abweichen.

Die Farbpalette der Gesteine in der Natur ist vielfältig und das gebrochene Gesteinsmaterial kann vom Baustoffhandel oder direkt vom Herstellerwerk bezogen werden. Allerdings ist beispielsweise weißer Marmorsplitt mit Vorsicht zu verwenden, denn die Belagsflächen werden durch Verschmutzung unansehnlich und blenden zudem sehr stark bei Sonnenlicht. Warme Farbtöne in Rot, Gelb und Braun ergeben in Kombination mit anderen geeigneten Baustoffen harmonische Gartenbilder.

In lockerer oder strenger Anordnung können Pflanzen in den lose geschütteten Belag gesetzt werden. Um das eventuelle Auflaufen von Unkräutern zu vermeiden, sollte eine Folie unter dem Zierbelag ausgelegt werden. An der Pflanzstelle muss die Folie vor dem Pflanzen entsprechend der Größe des Ballens aufgeschnitten werden.

Das regelmäßige Rechen des Belages und das Entfernen von Herbstlaub aus den Kies- oder Splittflächen gehört zur Gartenpflege. Das Laub verrottet sonst und die feinen organischen Bestandteile dringen in die Zwischenräume des Belages ein und sind dort Nährboden für keimende Unkrautsamen. Die Abgrenzung des Belages mit Pflastersteinen oder schmalen Plattenstreifen, die fest eingebaut sind, zeigt die Geometrie der Gestaltung und erleichtert die Pflegearbeiten. Uferlos in die Vegetationsfläche auslaufende geschüttete Beläge sind selten sinnvoll und nur für bestimmte Gartenstile geeignet.

Kies und Splitt werden als Mulchschicht auch in Trockengärten und Steingartenanlagen verwendet. Der Boden bleibt länger feucht, die Unkräuter werden unterdrückt und das Gesteinsmaterial speichert Wärme, die sich positiv auf das Wachstum der Pflanzen auswirkt.

Ein Bodenbelag aus geschüttetem Gesteinsmaterial sieht immer gut aus und ist zudem preisgünstig.

Mit **Findlingen** erreicht man besondere Effekte im Garten. Hierbei spielt die Größe der Findlinge eine entscheidende Rolle, denn eingebaute Steine wirken durch ihr Volumen. Mit einzelnen Findlinge oder ganzen Gruppen entstehen in Verbindung mit Solitärgehölzen und Großstauden schöne Arrangements. Findlinge werden in der Regel lagerhaft in die Erde eingebunden, d. h. der schwere Teil der Steine ist etwa zu einem Drittel verdeckt. Moose und Flechten bleiben auf den Steinen erhalten und können sich weiter entwickeln, wenn die ursprüngliche Lage beim Einbau berücksichtigt wurde.

▷ Lichte Bepflanzung mit wärmeliebenden Stauden und Ziergräsern. Die Mulchschicht aus Kies speichert Wärme, die sich günstig auf das Wachstum der Pflanzen auswirkt.

◁ Oben: Auseinandergestellte Basaltsäulen in unterschiedlicher Höhe durchdringen Wege- und Rasenfläche.

◁ Mitte: Hügelförmig aufgeschüttete Pflanzfläche mit Schieferplatten abgedeckt und mit Pyramiden-Hainbuchen bepflanzt.

◁ Unten: Kubisch geformte Granitsteine sind als Gesteinsensemble unterschiedlich hoch eingebaut, davor Rasenpflaster und eine Kieselsteinfläche mit Findling.

△ Mit treppenartig aufgeschichteten Schieferplatten gestalteter schattiger Gartenbereich. Als Bepflanzung schattenverträgliche immergrüne niedrige Stauden.

◁ Muschelkalk-Findling mit Moos und Flechten bewachsen in einer Trockenpflanzung.

△ Abgerundeter Findling als Quellstein mit Fließrinne.

△ Markierung einer Wegegabelung mit einem Sandstein.

◁ Dreiergruppe aus stelenartigen Basaltsteinen.

▷ Ebener Steingarten mit Muschelkalksteinen gestaltet. Die breiten unregelmäßigen Fugen zwischen den Steinen sind mit wärmeliebenden Steingartenpflanzen bewachsen, ein großer Sitzstein bildet den Abschluss.

▷ Dreiergruppe aus Muschelkalkstein in Schotterfläche lagerhaft eingebaut. Die Steine liegen ganz „natürlich" in der Schotterfläche.

△ Schotterbelag aus Grob- und Feinschotter mit wärmeliebenden Stauden.

▷ Schotterbelag mit Trittplatten und wärmeliebende Stauden.

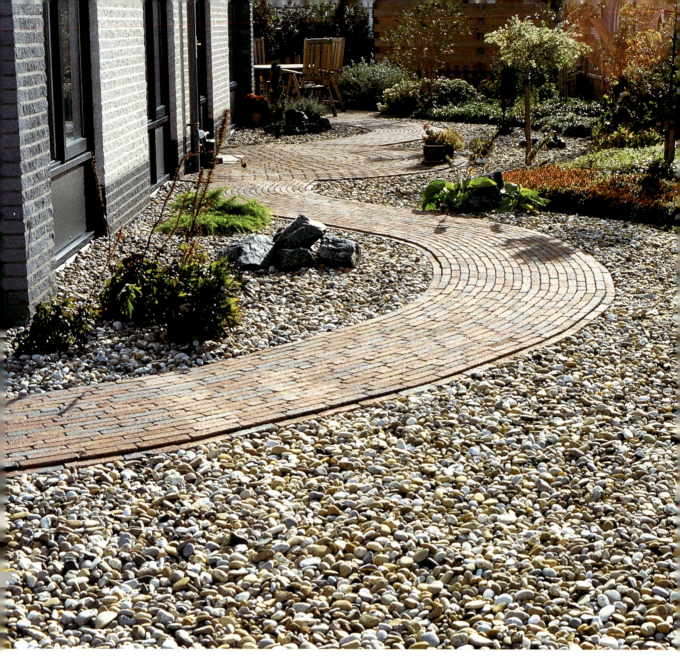

△ Eine große Kiesfläche am Haus wird durch einen halbkreisförmigen Klinkerpflasterweg durchzogen. Im Kiesbelag wachsen einzelne sowie gruppenartig angeordnete Pflanzen.

▷ Oben: Kies- und Schotterflächen wechseln mit roten Wegen aus Kunststoff

▷ Mitte: Belag aus Glasscherben in verschiedenen Blautönen.

▷ Unten: Rechteckige Einfassungen aus Cortenstahl mit unterschiedlichen Füllungen aus Glas und Stein.

Sitzplätze

Die Form des Sitzplatzes richtet sich vorrangig nach dem Entwurfskonzept des Gartens. So werden asymmetrische, kreis- und halbkreisförmige Flächen sowie Flächen mit geschwungenen Rändern den gleichen Zweck erfüllen wie geometrische Rechteck- oder Quadratformen. Auch können Kombinationen von Viereck- und Rundformen miteinander harmonieren. Das Material eines Sitzplatzes und dessen Ausgestaltung ergibt sich ebenfalls aus dem Gesamtkonzept des Gartens und dem Stil des Wohnhauses.

Bei **größeren Gärten** können mehrere Sitzplätze die persönlichen Wünsche der Bewohner zufrieden stellen. Unterschiedliche Interessen der Familienmitglieder rechtfertigen entsprechende Sitzplatzeinrichtungen mit einer sinnvollen Verteilung im Garten. Im rückwärtigen grenznahen Bereich des Gartens kann beispielsweise ein zweiter Sitzplatz liegen. Ob dieser nun als Schattenplatz mit einem Schutzdach oder mit einer Pergola, die Streuschatten verbreitet geplant wird, hängt von den eigenen Bedürfnissen sowie den gegebenen Lichtverhältnissen ab. Als Ergänzung zu einer sehr sonnigen Hausterrasse ist ein kühler Schattensitzplatz am gegenüberliegenden Gartenende von Vorteil. Von hier aus wird das Haus ins Blickfeld gerückt und man betrachtet den gesamten Garten aus einer anderen Perspektive. Besonders intensive Gartenerlebnisse sind bei Sitzplätzen am Wasser möglich. Fortwährend zieht die Natur den Betrachter in ihren Bann und belebt seine Sinne. Gleiches gilt für einen versteckten Sitzplatz mit Blick auf eine reich blühende Staudenrabatte. Spät austreibende Bäume wie Nussbaum, Trompetenbaum u. a. sind für einen warmen sonnigen Frühjahrssitzplatz vorteilhaft, denn die Blätter der Bäume sind noch klein sind und die Sonnenstrahlen erreichen den Boden.

Üblicherweise liegen bei **Reihenhäusern** mit kleinen Gärten die Wohngärten mit Sitzplätzen direkt hinter dem Haus. Der Terrassenbereich zum Nachbarhaus hin ist oft durch eine Mauer, die gute Schutzfunktionen bietet, getrennt. Der beste Sicht- und Lärmschutz ist das Einschieben der Terrasse ins Wohnhaus, somit wird gleichzeitig ein Teil der Terrasse überdacht. Versetzt gestaffelte Reihenhäuser bieten im Gegensatz zu linearen Reihenhausfronten ebenfalls gute Voraussetzungen für einen ungestörten Terrassenaufenthalt.

Die **Umgestaltung älterer Gärten** wird meist dann aktuell, wenn nach dem Verkauf des Hauses neue Besitzer einziehen. Neben Innenrenovierungen, Erweiterungen oder dem Bau eines Wintergartens wird oftmals die Terrasse erneuert und der Garten neu gestaltet. Alte Beläge, die mitunter wackelig auf einem Betonunterbau liegen können unschön aussehen, Risse aufweisen und somit eine nicht zu unterschätzende Gefahrenquelle darstellen. Als feste, sichere Fläche zum Aufstellen von Gartenmöbeln sind sie nahezu unbrauchbar.

> **Info**
> Die Sitzplatzgröße hängt von den folgenden Faktoren ab:
> - Anzahl der Familienmitglieder und den zu erwartenden Personen bei Einladungen und Festen
> - Größe des Hauses
> - Größe des Gartens
> - Weitere Nutzungsabsichten wie das Aufstellen von Gartenmöbeln, Pflanzentöpfen etc.

Für die Anlage von Sitzplätzen kommen im Grunde die gleichen Materialien in Frage wie für die Gestaltung von Wegeflächen. Die Baustoffhändler bieten oft vielfältige Musterflächen an, die in der Planungsphase begutachtet werden können. Steinstrukturen und -farben sowie Preise lassen sich dort gut vergleichen.

▷ Geräumiger Sitzplatz am Wasser für Musestunden allein, zu zweit oder mit Freunden.

◁ Von einer freistehenden Klinkermauer umschlossener Gartenraum mit Pflasterfläche und Holzmöbeln, umgeben von Formhecken und Blütenstauden.

◁ Sonniger Sitzplatz mit einem Belag aus bunten Pflasterklinkern, Tisch und Stühle aus Alurohr mit Kunststoffbespannung.

▷ Orthogonaler klassischer Sitzplatz mit dunkelgrünen Schnitthecken gefasst und kontrastierender Belagsfläche aus Betonpflaster. Gartenstühle aus Teakholz, vor der Hecke helle Plastik als Blickfang

▷ Versteckt angelegter zweiter Sitzplatz im Garten mit Klinkerbelag. Hecken schaffen eine ruhige Gartenatmosphäre.

◁ Individuell gestalteter kleiner Sonnenplatz in Terrassennähe, mit hellem und dunklem Betonpflaster als Rondell.

▷ Romantischer kleiner Sitzplatz mit tuchbespannten Metallstühlen auf Betonpflaster.

◁ Sitzplatz aus polygonalen Natursteinplatten mit beigen Korbstühlen und einem Tisch mit Glasplatte.

▷ Hellgrau lackierte Stahlmöbel mit Glastisch prägen den kleinen mit Betonplatten belegten Gartenraum.

▷ Nostalgische Eisenmöbel auf einem gepflasterten Rondell prägen den schlichten Gartenraum.

◁ Oben: Wetterfeste Eisenmöbel auf einem Kombinationsbelag aus Betonplatten, Klinker und Kieselsteinen vor hohem Bambus.

◁ Mitte: Steintisch mit Steinhocker in einer erweiterten Wegefläche aus Kies.

◁ Unten: Gartenarragement mit bogenförmiger verputzter Mauer, Tisch und Stühlen aus Eisen und Blütenstauden für den Halbschatten. Der Belag besteht aus Rasenwaben, die mit Ziegelsplitt aufgefüllt sind.

△ Interessant gestalteter Sitzplatz mit einer Bodenfläche aus im Kreis verlegtem Holzbohlen, einem einfachen Klapptisch und tuchbespannten Stühlen.

Treppen

Treppen im Garten sind kleine gestalterisch interessante Bauwerke, die notwendig werden, wenn das vorhandene oder geplante Gelände steiler als 7 % ist.

Eine Treppe kann ein- oder mehrläufig sein. Mehrläufige Treppen sind durch mindestens ein Podest unterbrochen und können um maximal 90° abgewinkelt sein. Eine weitere Möglichkeit der Richtungsänderung ist die Wendelung einer Treppe.

Stufenauftritte müssen rutschfest sein. Sehr glatte Betonoberflächen sowie glatt gehobelte Holzstufen sind besonders im Winter bei Frost und im Sommer bei Algenbefall durch feuchte Witterung problematisch. Reinigungsmaßnahmen sind hier unerlässlich.

Generell sollten Treppenanlagen und Treppenläufe beleuchtbar sein. Halbhohe Gartenlampen, Bodenleuchten oder Treppeneinbauleuchten leisten hierfür gute Dienste.

> **Info**
> **Die Treppenkomponenten**
> Auftritt: waagerechte Oberfläche
> Vorderhaupt: vordere Ansichtsfläche
> Seitenhaupt oder Stirn: seitliche Ansichtsfläche
> Antrittsstufe: erste Stufe
> Austrittsstufe: letzte Stufe
> Steigungsverhältnis: Stufenhöhe zu Auftrittsstufe
> Treppenlauf: durch Podeste gegliedert

Schrittmaß und Steigungsverhältnis

Für ein bequemes und sicheres Begehen von Treppen ist das Steigungsverhältnis maßgebend. Das Steigungsverhältnis ist wiederum vom Schrittmaß eines erwachsenen Menschen abhängig, erfahrungsgemäß 63–65 cm. In Ausnahmefällen kann es jedoch zwischen 61 cm und 66 cm variieren. Das Steigungsverhältnis wird nach der Schrittmaßformel berechnet (2 × Stufenhöhe + 1 × Auftrittstiefe = 63 cm, $2 \times h + a = 63$ cm).

Werden Podeste geplant, so ist die letzte Stufe (Austrittstiefe) in die Podestlängenberechnung mit einzubeziehen. Die Formel lautet:
Podestlänge = Austrittstiefe + Anzahl der Schritte × 63 cm; d. h. bei 4 Schritten: 33 cm + (4 × 63 cm) = 2,85 m Podestlänge.

Jede Einzelstufe und die Podeste erhalten zur schnellen Ableitung des Oberflächenwassers ein Gefälle. Bei Stufen beträgt das Gefälle 0,5 oder 1 cm, bei Podesten 3–5 %. Bei der Höhenberechnung einer Treppe oder eines Treppenlaufes ist das Gefälle immer zu berücksichtigen.

> **Info**
> **Schrittmaßformel**
> 2 × Stufenhöhe + Auftrittstiefe = 63 cm
>
> **Podestlänge**
> Podestlänge = Austrittstiefe + Anzahl der Schritte × 63 cm

Stufenarten

Blockstufen sind aus Beton oder dauerhaftem Naturstein. Die Oberflächen der Stufen, einschließlich der Seiten sind gleichartig bearbeitet. Neben dem üblichen rechteckigen Stufenquerschnitt werden Profilstufen hergestellt. Das Vorderhaupt kann bei diesen Sonderanfertigungen verschiedenartig unterschnitten sein. Gestalterisch wirkt sich die Profilierung wirkungsvoll auf das Aussehen der Treppenanlagen aus. Es entsteht am Vorderhaupt eine mehr oder weniger breite Schattenkante, die der Treppe die Schwere nimmt. Einige Herstellerfirmen stellen Keilstufen und Blockstufen mit ausgesparten Innenkernen her, die ein geringeres Gewicht als Vollstufen haben und einfacher einzubauen sind. Bei Blockstufen aus Naturstein ist der Auftritt meist gesägt oder spaltrauh, das Vorderhaupt gebosst. Je nach Gestaltungsabsicht können die Oberflächen der Stufen auch anders bearbeitet werden (gespitzt, scharriert, gebeilt, gefräst etc.). Betonblock-

▷ Rustikale kleine Treppenanlage aus Naturstein-Blöcken. Die Fugen zwischen den Steinen sind mit bodendeckenden Stauden bewachsen.

stufen haben eine Sichtbetonoberfläche, die glatt, sandgestrahlt, gestockt oder scharriert sein kann. Auch fein strukturierte Stufen mit Vorsatzbeton sind im Baustoffhandel erhältlich.

Legstufen bestehen aus einer 5–8 cm dicken Auftrittsplatte, die auf gleichmäßig dicken Steinen liegen und in ein Fundament aus Beton B 15 eingebaut sind. Der Unterlegstein ist von der Vorderkante der Auftrittsplatte um 3–5 cm zurückgesetzt. Legstufen werden vorwiegend aus Natursteinplatten, hauptsächlich Sand- und Granitstein, aber auch aus Betonplatten mit gebrochenen Kanten hergestellt. Der zurückgesetzte Unterlegstein bewirkt eine effektvolle Schattenkante.

Bei **Stellstufen** werden, wie der Name schon sagt, Natursteine oder Kantensteine aus Beton senkrecht in ein Betonfundament eingebaut und die Auftrittsfläche in der Regel mit Pflastersteinen ausgelegt. Meist werden für Stellstufen 6–8 cm dicke Betonkantensteine oder 10–15 cm dicke Natursteine verwendet. Die Kanten sind gefast oder leicht abgerundet, die schmale Oberkante und die Stirn ist bei Natursteinen steinmetzartig bearbeitet, während die Betonelemente glatt sind. Die Auftrittsfläche wird mit Mosaikpflaster oder kleinem Betonpflaster ausgefüllt. Das verwendete Material sollte zur übrigen Wegefläche passen. Hinter den Stellkanten kann sich im Laufe der Zeit der Belag etwas setzen, so dass eine Stolperkante entsteht. Deshalb ist auf eine standfeste Verdichtung des Untergrundes und des Baugrundes besonders zu achten.

Knüppelstufen sind die einfachste Art von Stufen, die in Waldgärten, in naturnahen Gärten oder als kurzfristig gebaute Treppe im aufgeschütteten Erdreich Verwendung finden können. Ein bis drei aufeinandergelegte Rundhölzer, Halbrundhölzer, Kanthölzer oder Bretter werden durch vorderseitig in den Boden eingeschlagene Rund- oder Kantholzpfosten gehalten. Die Standfestigkeit der einfachen Stufenbauweise ist gering, weil sich die Holzpfähle beim Begehen und durch Frosteinwirkung verändern können. Eine längere Haltbarkeit ist bei kesseldruckimprägnierten Hölzern und bei Harthölzern zu erwarten. Die Auftrittsfläche der Stufen bildet eine wassergebundene Wegedecke. Knüppelstufen müssen gegenüber fundierten Stufen regelmäßig zu überprüft werden. Sie sind einfach gegründet, die Hölzer sind immer der Erdfeuchte ausgesetzt, was die Lebensdauer erheblich verkürzt.

Treppengründungen

Treppen werden auf gewachsenem Boden frostfrei gegründet, um Setzungen zu vermeiden. Bei aufgeschüttetem Boden ist der Baugrund standfest zu verdichten und durch eine bodenmechanische Maßnahme zu überprüfen.

Unstarre Treppengründungen

Bei frostsicherem Boden und standfester Verdichtung kann mitunter auf Gründungsmaßnahmen verzichtet werden. Bindige Böden erhalten eine Frostschutzschicht von mindestens 20 cm Dicke. Die Sohle des Baugrundes ist abzutreppen, die Antrittsstufe mit einem 40 cm tiefen Betonfundament zu versehen. Diese Treppen können sich durch Frosteinwirkung in ihrer Lage verändern, setzen oder verschieben. Dabei kann sich das Steigungsverhältnis verändern und die Treppe ist schlechter begehbar, auch Unfälle können auftreten. Deshalb sind starre Gründungen auf Dauer sicherer.

Starre Treppengründungen

Der gewachsene Boden bzw. ein standfest verdichteter Baugrund ist Voraussetzung für das Treppenfundament. Die Sohle der Fundamente ist horizontal, bei längeren Treppen wird die Sohle abgetreppt. Folgende starre Gründungen sind üblich:

Block- oder Betonvollfundamente werden hauptsächlich für Block- und Legstufen verwendet.

Streifenfundamente sind 25–30 cm breit und werden für unbewehrte Blockstufen mit lichtem Abstand von 80 cm hergestellt. Größere Zwischenabstände werden nur bei bewehrten Blockstufen eingesetzt.

Plattenfundamente sind geeignet für Stufen, die aus mehreren Bauteilen bestehen, z. B. Legstufen. Sie werden auf einer mindestens 18 cm dicken Fundamentplatte aus Stahlbeton, deren Oberfläche abgetreppt ist in Zementmörtel versetzt. Eine Frostschutzschicht unter der Fundamentplatte ist notwendig. Unter der An- und Austrittsstufe befinden sich frostfrei gegründete Streifenfundamente. Bei Blockstufen mit Keilprofil ist keine Abtreppung der Plattenoberfläche erforderlich. Aus wirtschaftlichen Gründen werden bei mehrläufigen Treppen nur die Treppen mit Plattenfundamenten versehen, nicht aber die Podeste, bei denen eine einfache Gründung ausreicht.

Treppengeländer

Treppengeländer dienen zur Sicherheit vor seitlichem Abstürzen. Treppenwangen sind ein- oder beidseitig der Treppe angeordnete Mauern, die das Bild der Treppenanlagen bedeutsam prägen. Abgeschleppte Wangenmauern verlaufen parallel zur Treppensteigung, im Gegensatz zu abgetreppten Wangen wirken sie ruhig. Das unruhige, abgehackte Aussehen entfällt.

Stahlgeländer bestehen aus Stahlstäben (Vollstahl oder Rohre), deren Querschnitt quadratisch, rechteckig oder rund sein kann. Bei paralleler Anordnung mehrerer Stäbe handelt es sich um Stabgitter. Die Stabgitter können senkrecht oder schräg mit der Treppensteigung verlaufen. Ein Geländer besteht aus Handlauf, Trag- und Füllstäben. Die Pfosten des Geländers werden auf den Stufen, in besonderen Fällen in den Stufenköpfen sicher verankert. Wenn keine Absturzgefahr besteht, kann auf ein Geländer verzichtet werden. Dann genügt ein Handlauf aus Stahlpfosten mit aufgeschweißtem Rohr. Die Pfosten können in die Stufen eingelassen werden. Die Verbindungsstelle wird mit einer runden, angeschweißten Stahlscheibe auf der Stufe ummantelt. Korrosionsschutz durch Feuerverzinken und eventuelle Kunststoffbeschichtung ist für alle Stahlteile im Außenbereich unbedingt erforderlich.

◁ Treppenanlage aus jeweils drei Betonblockstufen, unterschiedlich lang, Ansichtsflächen glatt. Die Podestflächen sind ausgepflastert.

△ Große, breite Treppenanlage, die sich einseitig an eine hohe Natursteinmauer anlehnt. Oberfläche aus glatten Betonwerksteinen; seitlicher Fahrstreifen für Kinderwägen.

△ Ortbetontreppe mit stark betonten Treppenwangen. Sie sind gleich hoch wie die Mauer, jedoch beim Podest unterbrochen. Die Gesamtanlage wirkt sehr schwer und wuchtig.

◁ Hangterrassierung mit Rasenstufen. Zum Monument führt ein Stufenweg aus 30 cm hohen Betonbalken, in die 15 cm hohe Blockstufen zum Begehen eingebaut sind.

▷ Bastionartige Pflanzfläche von drei Seiten begehbar an einem flach geneigten Hang. Die obere Bodenfläche ist mit Sommerblumen bepflanzt.

△ Schlichte zweckmäßige Treppenanlage, bei der der Handlauf in der Treppenmitte angeordnet ist.

▷ Betontreppe zur Hangerschließung. Integrierte Pflanztreppen ergeben ein ungewöhnliches Bild.

▷ Terrassenartig gestaltete Rasenböschungen mit einer expressiven Treppenanlage aus Betonblockstufen und mit Natursteinpflaster ausgelegten Podesten.

◁ Höhenmäßig gut in eine Rasenböschung integrierte Treppenanlage.

△ Blockstufen aus Muschelkalksteinen, Auftritt- und Kopfseiten gesägt, Stirnseiten gebosst.

△ Überbrückung eines kleinen Niveauunterschiedes mit drei Stufen und einer flachen Rampe. Trennung der beiden Elemente durch eine Mauerscheibe.

◁ Stufenweg im flachgeneigten Hang aus Natursteinblockstufen mit Plattenpodesten und farblich unterschiedlicher Pflanzung.

▷ Verschiedenartige Natursteinmaterialien: Blockstufen aus rotem Sandstein, Weg aus Granitpflaster in Reihen gelegt und einseitige Trockenmauer aus Sandstein.

△ Sandsteinplatten, 12 cm dick mit gesägter Auftrittsfläche und gebosster Stirnseite sind zwischen Trockenmauern verlegt. Die Mauer ist durch einen großen Abschlussstein begrenzt.

▷ Hammerecht bearbeitete kurze Muschelkalkstufen, die in ein 30 cm tiefes Magerbetonfundament versetzt werden können. Die Trockenmauer schließt höhengleich an die obere Stufe an. Auftritt und Stirn der Blockstufen sind leicht gebosst.

▷ Rustikale Treppenanlage aus Muschelkalk-Blockstufen in unterschiedlichen Längen. Sie ist beidseitig in eine begrünte Trockenmauer eingebunden. Auftritt grob gespitzt, Stirn leicht gebosst.

◁ Oben: Treppenanlage aus Naturstein-Stellstufen, Auftrittsflächen mit Naturstein ausgepflastert. Die Anlage ist beidseitig in die Pflanzböschung eingebunden.

◁ Mitte: Gleiche Treppenanlage wie im Bild zuvor, jedoch am Weg beginnend.

◁ Unten: Stufenweg mit begleitender Rampe aus Stellstufen, Auftrittsflächen und Rampe sind mit Natursteinpflaster belegt.

△ Stellstufen in einem Hangeinschnitt. Sowohl die Stufen als auch die Pflasterpodeste bestehen aus Granitsteinen.

◁ Nahezu ebener Weg, der sich nach wenigen Stufen fortsetzt. Die Stufen sind unterschiedlich lang und binden unregelmäßig in die seitlichen Rasenböschungen ein.

△ Bogenförmig gestaltete Treppenanlage aus Basaltsteinen mit Pflasterauftrittsbelägen. Infolge des ansteigenden Platzes verjüngen sich die Stufen von oben nach unten. Gleiche Baustoffe für Platz und Stufen.

△ Rustikale Stufenanlage aus grob behauenen Granit-Blockstufen, die fast willkürlich in den Hang eingebaut sind. Einzelne Stufen greifen weitreichend und raumgliedernd in die Rasenböschung.

◁ Mehrläufige Treppenanlage in einer öffentlichen Grünanlage aus Betonblockstufen mit Granitvorsatz. Am Rand befindet sich eine Kinderwagenrampe. Der Handlauf befindet sich in der Mitte der Treppenanlage.

▷ Mehrläufige Treppenanlage mit breiten Podesten. Die einzelnen Treppenabschnitte sind bis zur Mitte der nächst folgenden Podeste versetzt. Die Seitenbereiche sind als Rasen- und Pflanzbänke ausgebildet.

△ Mit Wangen eingefasste Treppenanlage aus Muschelkalksteinen. Das in Sitzhöhe hergestellte Wangenmauerwerk ist mit einer etwa 10 cm dicken Muschelkalkplatte, deren Oberfläche stark gebosst ist, abgedeckt. Die Podeste sind mit Kleinpflastersteinen belegt.

▷ Dreiseitig begehbare Treppenanlage vor einer Maueröffnung. Maueröffnung und Weg sind gleich breit, jedoch greifen die Stufen beidseitig in die Pflanzflächen.

▷ Naturhaft eingewachsene Legstufenanlage aus gesägten Muschelkalkplatten, mit gebrochenen Kanten. Podeste aus dem gleichen Material.

◁ Oben: Betonkantensteine bilden die Einfassung der Rasenstufen.

◁ Mitte: Unauffällig und weich modelliertes Gelände mit zäsurbildenden Stufen.

◁ Unten: Breite Stufenanlage aus Cortenstahl, die in den flach geneigten Hang mit den Stauden gut integriert ist.

△ Gestalterisch gut verteilte, lineare Sitzelemente aus Beton an einem Hang.

◁ Symmetrisch, formale Gartenanlage in zwei Ebenen mit vier bogenförmigen Klinkerstufen. Die Wegeflächen sind als Kieswege hergestellt.

◁ Mit Betonelementen eingefasste Platzfläche mit wassergebundener Decke und Kalksteinsplitt überstreut. Anpassung an das tiefer liegende Gelände mittels breiter Stufen aus dem gleichen Material.

◁ Stahltreppe ohne Podeste mit abgeschrägten Stirnseiten. Oberfläche der Metallstufen mit rutschfesten Noppen. Der Handlauf ist in die Stufenanlage integriert.

▷ Grobe Holzbalken überbrücken einen kleinen Niveauunterschied. Die „blühenden Stufen" ergeben ein verspieltes Bild.

▷ Holzstufen, sogenannte Knüppelstufen, aus imprägnierten Rundhölzern an eingeschlagenen Holzpfählen geschraubt. Auftrittsflächen aus Perlkies auf einer Schottertragschicht. Versetzt angeordnete Rundhölzer an Holzpfosten geschraubt, als Handlauf.

Mauern

Mauern sind ausdrucksstarke Gestaltungselemente, die in den unterschiedlichsten Bereichen im Garten zur Anwendung kommen. Steht man vor der Wahl Höhenunterschiede mit einer hohen oder zwei bis drei niedrigeren Mauern zu überwinden, so ist bei ausreichenden Platzverhältnissen die letztere Variante vorzuziehen. Der Eingriff ins Gelände ist nicht so hart und mit mehreren niedrigen Mauern entstehen nutzbare Funktionsbereiche. Auch können einzelne Grenzabschnitte eines Grundstückes durch Mauern gefasst werden und einen Sitzplatz oder weitere Gartenräume nach außen hin abschirmen. Mit freistehenden Mauern bis etwa zu einer Höhe von 2 m können Gärten eingefriedet werden. Niedrige etwa 45 cm hohe Sitzmauern rahmen einen Platz ein und in Verbindung mit ausgewählten Pflanzen entsteht ein intimer Gartenraum. Mauern können auch Trennfunktionen übernehmen, sie unterteilen größere Gärten in mehrere Gartenzimmer mit verschiedenen Funktionsbereichen. Die Größe der Mauersteine und die Mauerhöhe müssen optisch zueinander passen. Niedrige Mauern mit großen Blocksteinen wirken zu wuchtig und fügen sich nur schwerlich ins Gartenbild ein. Im umgekehrten Fall können hohe Mauern mit schmalen Quadern kleinlich aussehen. Sowohl expressive höhere Mauern, als auch niedrige Mauern sind in bester handwerklicher Ausführung zu bauen.

Im Garten sollte eine Mauer nicht die beherrschende Rolle einnehmen. Das Zusammenspiel von Stein und Pflanze hat oberste Priorität, nur dann entstehen überzeugende Einheiten und fulminante Gartenbilder.

Natursteinmauern

Folgende Mauerwerksarten aus Naturstein werden unterschieden:
- Trockenmauerwerk
- Mörtelmauerwerk
- Bruchsteinmauerwerk
- Hammerechtes Schichtenmauerwerk
- Unregelmäßiges Schichtenmauerwerk
- Regelmäßiges Schichtenmauerwerk
- Quadermauerwerk
- Zyklopenmauerwerk
- Verblendmauerwerk

Trockenmauerwerk

Trockenmauern werden aus mehr oder weniger bearbeiteten Natursteinen ohne Mörtelbindung aufgeschichtet. Sie benötigen keine aufwändige Fundamentierung, sind elastisch und machen leichte Bodenbewegungen durch Setzungen oder Frost mit. Durch richtiges Bepflanzen wird der Reiz einer Trockenmauern noch erhöht. Kleine kurze Steine sind für Trockenmauern ungeeignet. Steingröße und Mauerhöhe müssen zusammenpassen. Das Steinmaterial sollte aus nahe gelegenen Brüchen stammen, weitere Entfernungen erhöhen unnötig die Transportkosten.

Sedimentgesteine wie Muschelkalk, Kalksteine, Sandsteine in den bekannten Farben sind beliebte Steinmaterialien für Trockenmauern; sie lassen sich leichter bearbeiten als Hartgesteine. Spaltfähige Granite, Syenit und Gneis als Hartgesteine sind für die Mauern ebenfalls gut geeignet. Trockenmauern werden vorwiegend mit einem Anlauf von 10–20 % errichtet.

Hinterbetonierte Natursteinmauern

Hinterbetonierte Natursteinmauern bestehen in der Ansichtsfläche aus steinmetzartig (gebosst, gestockt, gespitzt) bearbeiteten gesägten, rechtwinkeligen Natursteinen mit geringer Einbindtiefe. Der hintere Mauerteil ist Beton; beide Komponenten werden in einem Arbeitsgang zu einem Gesamtmauerwerk hergestellt. Mit einem frostfrei gegründeten Fundament und Stahlbewehrung des Betons sind die Mauern stabile Bauelemente, die vielseitig im Garten und an Gebäuden als Stützmauer zum Einsatz kommen.

Hinterbetonierte Mauern sind wegen des geringeren Natursteinbedarfes, preisgünstiger.

▷ Schottische Bruchsteinmauer aus heimischem Gesteinsmaterial. Die Ansichtsfläche erscheint wie ein Trockenmauerwerk, die Steine sind jedoch mit Zementmörtel fixiert.

Mauerköpfe

Gegen von oben eindringendes Wasser, erhalten Mauern eine Abdeckung. Das Seitengefälle der Abdeckung muss mind. 0,5 %, bei Stützmauern ein Gefälle zum Hang hin haben. Es dürfen keine Längsfugen in der Abdeckung vorhanden sein.

Für Natursteinmauern werden Abdeckplatten aus dem Mauermaterial verwendet. Es gibt Abdecksteine aus Naturstein, die gleichmäßig dick oder Profilsteine, die pult-, dach-, bogenförmig oder asymmetrisch ausgeformt sind. Für Wechselmauerwerk gibt es Abdecksteine in unterschiedlichen Dicken, die die gesamte obere Mauerbreite überdecken. Um Wasser von der Ansichtsfläche der Mauer abzuhalten, ist ein Überstand der Abdeckung mit einer Wassernase im Abstand von etwa 3 cm erforderlich. Bei freistehenden Sichtschutzwänden sollte die Abdeckung beidseitig überstehen.

Betonmauern

Wenn im Garten eine Ortbetonmauer eine schöne Ansichtsfläche haben soll, ist diese in Sichtbeton herzustellen. Die Oberflächenbeschaffenheit der Schalung bestimmt das spätere Erscheinungsbild der Betonmauer. Durch gehobelte oder ungehobelte Bretter, aufgenagelte Profilleisten, Nut- und Federbretter, Profilbleche oder Kunststoff entstehen interessante Strukturen. Die Schalung muss geradlinig und senkrecht aufgestellt und ausgesteift werden. Beim Verdichten des Betons (Rütteln) darf sie sich nicht verschieben. Durch das Abnehmen des Schalmaterials darf die Oberfläche des Sichtbetons nicht beschädigt werden. Um dies zu verhindern, werden geeignete wasserlösliche Schalöle verwendet, die keine Verfärbungen auf der Betonoberfläche hinterlassen.

Es besteht auch die Möglichkeit die Betonoberfläche vor endgültigem Erhärten des Betons auszuschalen, mit Bürste und reichlich Wasser abzuwaschen und so Zuschlagkörner freizulegen.

Kratzbeton entsteht durch die Bearbeitung der feuchten Betonoberfläche mit einem Nagelbrett. Eine steinmetzartige Bearbeitung (stocken, sandstrahlen, scharrieren) wird am vollständig ausgetrocknetem Beton ausgeführt.

Die Herstellung einer Sichtbetonmauer darf nicht unterschätzt werden. Mit Betonarbeiten sollte eine Fachfirma beauftragt werden, die über die notwendigen Maschinen und Fachkräfte verfügt. Die Einschaltung eines Statikers ist unerlässlich. Er berechnet die Fundamentabmessungen, die Mauerdicke, legt die Betongüte, die Dehnungsfugen fest und erstellt die Bewehrungspläne

Mauerscheiben, L-förmige Betonelemente

L-Steine sind als Winkelstützelemente mit senkrechter glatter, sandgestrahlter und ausgewaschener Ansichtsfläche im Handel. Man erhält sie in unterschiedlichen Höhen, wobei im Hausgarten niedrige Höhen vorteilhafter sind.

Die Ansichtsfläche ist in Sichtbeton hergestellt. Ecksteine im Winkel von 90° und 135° sind ebenfalls erhältlich. Die Wanddicke beträgt 12 cm. L-Steine sind nur für den horizontalen Einbau geeignet. Am Hang werden die Steine abgestuft, mit Ecksteinen und weiteren L-Steinen ins Gelände eingebunden. Kurze Abstufungen sehen unschön aus, längere Abstufungen ergeben ein besseres Bild. Exakte Linien und ruhige Oberflächen sprechen für die bevorzugte Verwendung der L-Steine.

Viereck- und Rundpalisaden

Betonpalisaden haben einen quadratisch oder rechteckigen Querschnitt. Rundpalisaden mit einer Verbundkehle sind ebenfalls erhältlich. Betonpalisaden bestehen allseitig aus grauem Sichtbeton, Kanten und Köpfe sind leicht abgerundet bzw. gefast. Außerdem

---

> **Info**
>
> **Verbandsregeln für Natursteinmauern nach DIN 1053**
>
> Der Verband muss so ausgeführt werden, dass...
> - an Vorder- und Rückseite nicht mehr als 3 Fugen zusammenstoßen,
> - keine Stoßfuge durch mehr als 2 Schichten verläuft,
> - auf zwei Läufer mindestens ein Binder folgt oder Binder- und Läuferschichten miteinander abwechseln,
> - die Dicke (Tiefe) der Binder etwa das 1½ fache der Schichthöhe, mindestens aber 30 cm beträgt,
> - die Dicke (Tiefe) der Läufer etwa gleich der Schichthöhe ist,
> - die Überdeckung der Stoßfugen bei Schichtenmauerwerk mindestens 10 cm und bei Quadermauerwerk mindestens 15 cm beträgt,
> - und an den Ecken die größten Steine eingebaut werden.
>
> Offene Stellen in der Mauer sind beim Hochmauern mit Steinstücken und Mörtel auszufüllen. Mauerwerksfugen sollten gleich breit und tief sein.

gibt es sandgestrahlte, mit Vorsatz versehene und farbige Betonelemente.

Rundpalisaden eignen sich besonders gut für geschwungene Mauern. In der Gesamtansicht wirken sie jedoch unruhig, weil die Palisaden durch den Lichteinfall plastisch in Erscheinung treten.

Böschungssteine aus Beton

Seit einigen Jahren werden im Baustoffhandel Böschungssteine aus Beton angeboten. Diese fügen sich jedoch nur sehr selten gut in eine Gartengestaltung ein. Oft könnten fachgerechte Übergänge besser aus L-Steinen oder Betonpalisaden hergestellt werden. Die Böschungssteine können zwar bepflanzt werden, die Erde in den Töpfen reicht allerdings für ein gutes Pflanzenwachstum meist nicht aus. Das geringe Erdvolumen in den Behältern trocknet rasch aus und der gewünschte „grüne" Effekt bleibt aus.

Sichtschutzwände

Sichtschutzwände verbunden mit Lärmschutz spielen im Hausgarten eine wichtige Rolle. Will man sich doch unbeobachtet und möglichst ruhig im näheren Hausbereich aufhalten. Vorbeigehende Straßenpassanten, aber auch die Nachbarn können schon empfindlich das Eigenleben stören. Um diese Unannehmlichkeiten weitgehend auszuschalten, können ca. 2 m hohe und einige Meter lange Mauern bedeutsame Dienste leisten. An Einfamilienhäusern können freistehende oder am Haus angebaute Schutzmauern das Privatleben angenehm beeinflussen.

Entsprechend der Gestaltung ist zwischen Mauerwerken aus künstlichen Steinen wie Vollziegel, Hochlochziegel, Vollklinker, Kalksandsteine oder Hüttensteinen bzw. Mauerwerken aus Naturstein zu unterscheiden.

Bepflanzte Sichtschutzwände

Im Straßenbau werden begrünte Lärmschutzwände, zum Teil mehrere Meter hoch und höhenversetzt, immer wieder eingesetzt. In kleinerer und anpassungsfähiger Ausführung können die grünen Wandelemente auch im Hausgarten gut aussehen, z. B. als Raumteiler oder als Abgrenzungselemente. Einige Herstellerfirmen bieten die Elemente in unterschiedlichen Breiten, senkrecht oder nach oben verjüngend an. Am Fuß mit Efeu und anderen geeigneten immergrünen Flächendeckern bepflanzt, bringen sie „Grün" in die gebaute Umgebung. Das Einpflanzen in die Wandfläche ist ebenfalls möglich. Ein kleiner Schnitt in die Kokosmatte genügt und die Pflanze kann in die entstandene Öffnung gesetzt werden. Der Pflegeaufwand ist relativ gering, in Trockenperioden ist Wässern der grünen Wände unumgänglich.

Gabionen – Drahtschotterkästen

In letzter Zeit sind Gabionen für Mauern in der Hausgartengestaltung interessant geworden, sind sie doch mit dem Gittergeflecht und den Steinfüllungen ein moderner Baustoff, der einen unkonventionellen Eindruck macht. Bisher hat man sie hauptsächlich als Abstützungen bei größeren Erdbaumaßnahmen im Straßen- und Wasserbau eingesetzt, heute findet man sie auch im Wohnungsbau und in privaten Gärten.

Ob ältere Gärten umzugestalten oder Neuanlagen zu planen sind, mit Gabionen findet sich immer eine brauchbare Lösung. Steinkörbe in den Abmessungen $100 \times 50 \times 50$ cm und $50 \times 50 \times 50$ cm eigenen sich sehr gut für kleinere Gärten und geben diesen eine besondere Prägung. Das Zusammenspiel der linearen verzinkten Gitterstrukturen mit den richtig ausgewählten Steinen sieht interessant aus und passt gut zu anderen gartenarchitektonischen Einbauten und zur Vegetation. Das Füllmaterial in den Drahtschotterkästen, sei es Grobschotter, bearbeitete Natursteine, Klinker- und Betonsteine in Varianten oder Recyclingmaterial, ermöglicht eine individuelle Gestaltung.

Gabionen können auch als freistehende exakt ausgerichtete Sichtschutzwände, die für Rankpflanzen ideale Haltemöglichkeiten bieten, dienen.

Einige Firmen der Steinindustrie liefern fertig mit Steinen gefüllte Gabionenan, die bei guter Koordination von den Firmen an Ort und Stelle eingebaut werden. Gabionen sind gegenüber hinterbetonierten Mauern recht preisgünstig.

Stahlplattenmauern

Neben Gabionen sind Mauern aus Stahlplatten eine moderne Methode Abstützungen im Garten herzustellen. Hauptsächlich sind es rostbraune Cortenstahl-Platten, die hierfür verwendet werden. Der Stahl ist nur oberflächlich angerostet, der Rost dringt nicht ins Innere des Metalls ein. Die Platten werden nicht feuerverzinkt. Die rostbraune Farbtönung passt gut zum Garten und harmoniert mit der grünen Vegetation. Silberfarbene, nicht rostende Edelstahlplatten sind die Alternative zu Cortenstahl. Sie sind farblich weniger anpassungsfähig und kommen primär bei Stahl-Glasarchitekturen in Frage.

◁ Unregelmäßiges Schichtenmauerwerk aus sehr gleichmäßig bearbeiteten Sandsteinquadern, Fugenbreite unter 3 cm.

▷ Unregelmäßiges Schichtenmauerwerk aus Sandstein als Trockenmauer aufgebaut.

▽ Trockenmauerwerk aus unterschiedlich dicken Schieferplatten. Die Hohlräume sind mit Zwickelsteinen ausgefüllt.

◁ Geschwungene Trockenmauer aus Muschelkalkblöcken mit Dossierung.

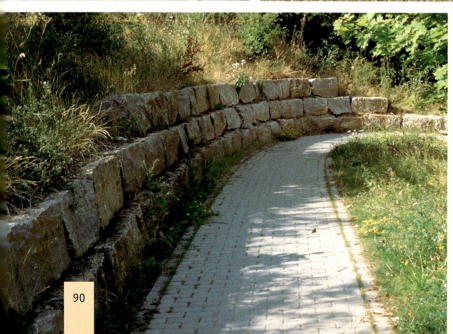

▷ Bruchsteinmauerwerk aus bruchrauen unterschiedlich großen Steinen, die in Mörtel verlegt sind. Hochkant aufgestellte Plattensteine dienen als Mauerabschluss.

△ Regelmäßiges Schichtenmauerwerk aus gesägten und gebossten Muschelkalksteinen.

▷ Große, rote Sandsteinblöcke als Trockenmauer aufeinandergeschichtet; Wilder Wein überzieht die Steinfläche.

◁ Regelmäßiges Schichtenmauerwerk aus hellgrauen und gelblichen Sandsteinen in Mörtel, ohne Höhenunterschied innerhalb einer Schicht, jedoch unterschiedlich hohen Schichten. Fugendicke unter 3 cm, Mauerkopf mit überstehender Abdeckplatte.

△ Regelmäßiges Schichtenmauerwerk aus gleichhohen Steinschichten mit überstehender Abdeckplatte.

△ Unregelmäßiges Schichtenmauerwerk aus gesägten gelblich strukturierten Sandsteinen in Mörtel. Den Mauerkopf bilden dicke Abdecksteine mit abgerundeten Oberkanten.

◁ Unregelmäßiges Schichtenmauerwerk aus gesägten, glatten und gestockten Muschelkalksteinen in Mörtel. Den Mauerkopf bilden 10 cm dicke Abdecksteine aus Muschelkalk.

▷ Verblendmauer aus gebossten Muschelkalksteinen als unregelmäßiges Schichtenmauerwerk. Die Abdecksteine sind gesägt und gestockt.

△ Trockenmauer als unregelmäßiges Schichtenmauerwerk aus Grauwacke mit Mauerfugenpflanzung.

▷ Historische Stützmauer als Bruchsteinmauerwerk aus Muschelkalk. Die Abdeckung besteht aus unterschiedlich dicken roten Sandsteinen.

▷ Freistehende Mauer aus Muschelkalksteinen in Mörtel. Die Lager- und Stoßfugen sind teilweise schräg und nicht rechtwinkelig. Die Torlaibung besteht aus großen gesägten Muschelkalksteinen.

△ IGA Mauer in Stuttgart mit Dossierung. Ein Betonskelett stabilisiert den Erdhang, die Ausfachung erfolgt mit Sandsteinen als Trockenmauerwerk.

△ Oben: Muschelkalkblöcke in drei Schichten fassen einen runden Platz halbkreisförmig ein und dienen gleichzeitig als Sitzsteine.

△ Sitzmauer als regelmäßiges Schichtenmauerwerk in Mörtel. Die Abdeckungen aus Holz sind durch einen großen Abdeckstein gegliedert.

◁ Fertigteilmauer aus glatten Sichtbetonelementen mit Dossierung.

△ Ortbetonmauer als Sichtbeton mit waagerechter rauer Schalung.

◁ Ortbetonmauer mit glatter Sichtbetonoberfläche und buntem Farbanstrich.

▷ Betonstelen als Sichtbetonelmente dienen zur Gliederung des Garteneingangs und der Mülltonneneinfassung.

△ Niedrige Ortbetonmauer aus glattgeschaltem Sichtbeton als Trennelement.

▷ Sichtbetonmauer aus glatten Betonfertigteilen mit überhängender Bepflanzung.

▷ Böschungssteine aus eingefärbtem Beton, übereinander aufgeschichtet mit unpassender Bepflanzung. Es entsteht eine unbefriedigende Mauergestaltung.

◁ Halbrunde Sitzmauer aus Ortbeton als Sichtbeton mit glatter Oberfläche und gebrochenen Kanten.

◁ Fertigteile aus Sichtbeton, Oberfläche teils rau geriffelt, teils glatt.

▽ Hohe Ortbetonmauer als Sichtbeton. Die Oberfläche ist grob gespitzt, mit Abdeckung und Fugenakzentuierung aus Edelstahl

▷ Höhenmäßig gestaffelte Viereckpalisaden aus Sichtbeton schaffen größere Flächen am Hang und ermöglichen eine intensive Bepflanzung.

△ Hohe Ortbetonmauer als Sichtbeton mit Granitstein-Abdeckung.

▷ Fertigteile aus Sichtbeton, Oberfläche grob gestockt bzw. glatt.

◁ Versetzt gebaute Brüstungsmauern aus Gabionen, die mit Grobschotter gefüllt sind. Dazwischen eine eingeschobene Treppe.

△ Gabionen bieten Kletterpflanzen wie dem Wilden Wein gute Wuchsbedingungen.

△ Etwa 3,0 m hohe Gabionen-Stützmauer mit einer Ansichtsfläche aus unbearbeiteten Steinen.

◁ Höhenversetzte und nach hinten zurückversetzte Gabionen-Stützmauer mit etwa 3,0 m Höhe. Die Ansichtsfläche besteht aus nachgearbeiteten Muschelkalk-Bruchsteine mit einer Hinterfüllung aus Grobschotter.

▷ Etwa 3,50 m hohe Stützmauer aus Gabionen, die jeweils um 50 cm zurückversetzt sind. Die Füllung besteht aus unbearbeiteten Muschelkalksteinen.

△ Gabionen aus Sechseckgeflecht, befüllt mit Kieselsteinen.

▷ Freistehende Gabionenmauer mit Kalksteinen gefüllt. Die bunte Staudenpflanzung kommt vor dem ruhigen Hintergrund schön zur Geltung.

▷ Gabionen-Stützmauer mit einer Ansichtsfläche aus unterschiedlich großen Porphyrsteinen.

◁ Sitzmauer aus engmaschigen Drahtschotterkörben mit Holzrosten.

▽ Kontrastreich gestaltetes Gartendetail mit Ziegel- und Basaltsplitt, Gabione, hellen Betonplatten, Kugelbuchs und Stauden.

▽ Wallartige Aufschüttung aus Schlackensteinen und gebrauchten Pflasterklinkern, die an den Rändern mit Erde vermischt und mit niedrigen Stauden bepflanzt ist. Schön für naturnahe Gartengestaltungen.

△ Detail der Eckausbildung

▷ Große Muschelkalksteine mit natürlicher Ansichtsfläche. Die Stosskanten sind gesägt.

△ Gebrauchte Klinkerpflastersteine bilden zusammen mit einigen Natursteinblöcken eine ungewöhliche wellenförmige Mauer.

▷ Eine im wilden Verband aufgeschichtete Stützmauer aus gebrauchten Natursteinen und Klinkerpflaster kann durchaus einen ansprechenden Gesamteindruck erwecken.

▷ Ein kleiner mit Kieselsteinen belegter Platz wird von Basaltblöcken umgrenzt.

△ Freistehende etwa 2,0 m hohe mit Lochblech unterbrochene Mauer aus Kalksandsteinen. Abdeckung mit Zinkblech.

△ Freistehende, unterbrochene Mauer aus Kalksandsteinen im Blockverband. Die Mauer steht auf einem sichtbaren Betonfundament und hat eine Abdeckung aus Zinkblech.

△ Etwa 3,0 m hohe freistehende Mauer aus Klinkersteinen mit einer überstehenden Mauerabdeckung aus dem gleichen Material. Die hellen Fugen ergeben einen schönen Kontrast zu den roten Klinkern. Der perfekte Platz für ein waagerecht gezogenes Birnenspalier.

◁ Freistehende im Läuferverband gemauerte Begrenzungsmauer aus Mauerziegeln, die durch Pfeiler ausgesteift ist.

▷ Eine hohe freistehende Begrenzungsmauer aus Mauerziegeln bildet den Gartenraum für eine großzügige Sitzecke.

△ Holzpalisaden mit abgerundeten Kanten sind hier zur Hangbefestigung in Schotterfundamente eingebaut.

▷ Eisenbahnschwellen als Sitzplatz-Einfassung kombiniert mit einem Bodenbelag aus tiefdruckimprägnierten Paneelen.

▷ Abgrenzung von Rasen- und Pflanzflächen durch aufgeschichtete Holzscheite. Eine rustikale Gestaltung, die nur von begrenzter Haltbarkeit ist.

△ Oben: Bogenförmige Edelstahlplatten stützen die wellenförmigen Erdüberhöhungen. Die Platten sind an einbetonierten Profilstahl geschraubt.

△ Mitte: Stützmauer aus Edelstahlplatten, die in gleichmäßigen Abständen an einer Trägerkonstruktion befestigt sind. Der Mauerkopf ist rechtwinkelig abgekantet.

△ Unten: Niedrige Stützmauer aus Cortenstahl, die oberseits rechtwinkelig abgekantet ist. Die Einzelplatten werden verschraubt und in ein Streifenfundament aus Beton gesetzt.

△ Niedrige Abgrenzungen und Pflanzkästen aus Cortenstahlplatten, die in Streifenfundamente eingebaut werden. Die rostbraune Farbe harmoniert gut mit der Vegetation.

▷ Freistehende Abgrenzung aus Cortenstahl, die mit Edelstahlblech abgedeckt und mit Wildem Wein bepflanzt ist.

Zäune

Früher dienten Zäune in erster Linie dazu den eigenen Besitz zu schützen und Tiere in einem bestimmten Bereich zu halten. Heute kennzeichnen Zäune die Grundstücksgrenzen und treten in vielfältigen Variationen auf. Sie können blickdicht gestaltet sein, es können jedoch auch bewusste Einblicke gewährt werden. Zäune mit waagrechter Verbretterung und „unsichtbare" Pfosten an der Rückseite erscheinen optisch länger. Sind dagegen die Pfosten auf der Vorderseite, so tritt der rhythmisch gliedernde Effekt deutlich hervor, der Zaun erscheint kürzer. Die optische Wirkung lässt sich durch die Art der Zaungestaltung mehr oder weniger stark beeinflussen. Werden die Pfosten etwas stärker ausgebildet z. B. durch größere Holzquerschnitte oder dickere Betonpfosten so wird der Zaun ebenfalls optisch verkürzt.

Ist das Gelände hängig oder gar unterschiedlich geneigt, so treten bei einer waagrechten Verbretterung Probleme auf. Die unteren Zaunteile können dem Gelände nur schwerlich angepasst werden, es entstehen Dreieckslücken. Wesentlich besser ist dagegen die senkrechte Verbretterung, die es ermöglicht, die Bretter bis nahe an den Boden zu führen. Geländeknickpunkte nehmen die Pfosten auf, die Querriegel verlaufen mit der Geländelinie.

Holzzäune

Für Pfosten und Querriegel finden hauptsächlich Eiche, Lärche und Kiefer Verwendung. Fichte und Tanne sind für nicht tragende Bauteile gut geeignet. Primär sind Nadelhölzer der Güteklasse I, auch bei Rund- und Halbrundhölzer, zu verwenden. Geeigneter als Schnittklasse A ist Schnittklasse S, die frei von Stammrundungen ist.

Pfosten für Zäune sollten ca. 70 cm tief in der Erde stecken, zusammen mit der gewünschten Zaunhöhe und der notwendigen Bodenfreiheit von 5 cm, lässt sich die benötigte Gesamtlänge der Pfosten berechnen. Querriegel verbinden die einzelnen Pfosten.

Bei **senkrechten Zaunfüllungen** werden Latten, Bretter, Rund- und Halbrundhölzer auf die Querriegel genagelt. Dafür gibt es drei Variationsmöglichkeiten:

1. Bretter oder Latten werden an der Pfostenseite auf die Querriegel genagelt oder geschraubt.
2. Bretter oder Latten werden auf der gegenüberliegenden Seite der Pfosten auf die Querriegel genagelt oder geschraubt.
3. Bretter oder Latten werden doppelseitig, versetzt auf die Querriegel genagelt oder geschraubt.

Bei Stahlquerriegeln werden die nicht tragenden Teile angeschraubt. Der Lattenabstand beträgt ca. $2/3$ der Lattenstärke, eventuell auch mehr. Die nicht ragenden Holzteilende (Bretter, Latten, usw.) enden etwa 5 cm über dem Boden.

Bei **waagrechten Zaunfüllungen** werden die nicht tragenden Zaunelemente wie Bretter, Latten, Rund- und Halbrundhölzer direkt waagrecht auf die Pfosten genagelt oder geschraubt. Dabei gibt es verschiedene Möglichkeiten, die Hölzer anzubringen:

1. Die Bretter werden nur auf einer Seite der Pfosten befestigt, wodurch der Zaun durch die sichtbaren Pfosten einseitig gegliedert wird. Die andere Seite ist ohne Gliederung und wirkt dadurch ruhiger.
2. Die Bretter werden abwechselnd und höhenversetzt an die Vorder- bzw. Rückseite der Pfosten geschraubt. Das Erscheinungsbild ist durch die unterbrochenen Pfosten lebhaft, die waagrechte Ausrichtung wird betont.
3. Die Holzteile werden mit einigem Abstand übereinander zwischen Doppelpfosten befestigt. Es entsteht ein transparenter Zaun.

Bei **Holzrahmenzäunen** unterscheidet man Zäune mit einfacher Verbretterung und Zäune mit doppelter Verbretterung. Die Füllbretter können hier waagrecht oder senkrecht angeordnet sein. Einfache Verbretterungen können transparent hergestellt werden. Doppelte Verbretterungen auf der Vorder- und Rückseite des Rahmenholzes können geschlossen und blickdicht

▷ Elegant und transparent wirkende Einfriedung aus Afzelia-Holz (in Plantagen kultiviert). Die Harthölzer sind nicht imprägniert und erhalten mit den Jahren ein silbergraues Aussehen.

sein. Die Verbindung von Holzrahmen und Pfosten erfolgt mit Stahllaschen und Holzschrauben.

Holzschutz

Die Lebensdauer von Holz wird durch bauliche und chemische Maßnahmen verlängert. Bauliche Maßnahmen haben bei der Planung von Holzbauwerken vor chemischen Maßnahmen absoluten Vorrang. Gerade in Freianlagen ist dies besonders wichtig, da Holzbauwerke das ganze Jahr über der Witterung ausgesetzt sind.

Konstruktive Holzschutzmaßnahmen:
- Eindringen von Wasser in Holzbauteile vermeiden, dies gilt vor allen für Eckverbindungen, Stöße und Nuten.
- Schnittflächen abschrägen, fasen, oder abdecken.
- Einbau von Sperrlagen bei aufsteigender Bodenfeuchtigkeit.
- Überdeckung senkrechter Balken mit waagrechten Balken im gleichen Querschnitt.
- Permanente Durchlüftung der Holzkonstruktion.
- Kein Einbau von Holzbauteilen in Beton.
- Verbindungsteile aus korrosionsgeschützten Stahlelementen.
- Schutz vor Spritzwasser.
- Keine zu geringen Dachüberstände bei Gartenhäusern, Pavillions ect.
- Geeignete Holzauswahl und gute Trocknung vor dem Zuschnitt.

Chemischer Holzschutz:
Zur Anwendung dürfen keine Holzschutzmittel ohne Prüfzeugnis des Institutes für Bautechnik in Berlin kommen. Holzschutzmittel werden in Gefährdungsklassen eingeteilt; hier gilt DIN 68800, Teil 3 und 4 für Außenbereiche.

In Freianlagen werden an Holzschutzmittel folgende Anforderungen gestellt:
- Vorbeugung gegen Insekten und Pilze.
- Beständigkeit gegen Witterungseinflüsse.
- Bei ständigem Erdkontakt auch Wirksamkeit gegen Fäulnis.

Die Einbringtiefe, die Menge und das Einbringverfahren der Schutzmittel spielt eine entscheidende Rolle. Beim Holzeinkauf sollte ein Prüfzeugnis entsprechend der DIN angefordert werden. Bei Palisaden im Erdbereich ist das gesamte Splintholz zu durchtränken und durch Kesseldruckimprägnierung zu konservieren. Bei schwertränkbaren Holzarten ist eine mechanische Vorbehandlung notwendig. Bretter, Latten und andere Holzbauteile, die der Atmosphäre ausgesetzt sind, sind in ölige Schutzmittel zu tauchen oder mit einer Imprägnierlasurfarbe zu streichen. Nadelhölzer sind mit einem Bläuesperrmittel zubehandeln. Die Konservierungsmaßnahmen erfolgen nach dem Zuschneiden des Holzes.

Stahlzäune

Für Stahlzäune werden vielfach Rechteckrohre verwendet, mit angeschweißten und gelochten Bandstahlleisten. Die Holzteile werden an die Stahlleisten geschraubt. Die Stahlrahmen werden an den mit Laschen versehenen Pfosten befestigt.

Stahlzäune werden in folgende Typen unterteilt:

Stahlgitterzäune sind zurzeit sehr beliebt. Die senkrecht angeordneten Stabgitter erschweren ein Übersteigen des Zaunes erheblich und bieten Schutz vor ungebetenen Gästen. Trotz der vorteilhaften Konstruktion können waagrechte Stahlgitter für bestimmte Gestaltungen effektvoller sein.

Maschengitterzäune bestehen aus diagonal oder senkrecht und waagrecht, geraden oder gewellten Stahlstäben die verzinkt oder kunststoffummantelt sind. Ein Rahmen fasst die eng- oder weitmaschigen Gitter. Produkte einzelner Firmen der Zaunindustrie sind serienmäßig im Handel.

Maschendrahtzäune: Die Zaunpfosten bestehen aus nahtlosen Stahlrohren, T-Stahl oder L-Stahl. Die Maschengeflechte sind vier- oder sechseckig, verzinkt oder kunststoffummantelt. Befestigt werden die Drahtgeflechte an Spanndrähten. Die Drähte werden durch das Geflecht gezogen und mit Spannschlössern straff gespannt. Das Geflechtende wird mit einem 5 mm dicken Stahlstab senkrecht durchsteckt, der an einem Endpfosten mit Draht befestigt wird. Im Abstand von 5 cm über dem Boden endet das Drahtgeflecht. Eckpfosten und jeder zehnte Zwischenpfosten werden zweiseitig, Endpfosten einseitig verstrebt.

Knotengitterzaun und Knotengeflecht: Die Geflechte bestehen aus waagrechten und senkrechten verzinkten Drähten. Die senkrechten Drähte sind an die waagrechten Drähte mit einem spiralförmigen Wickelknoten angeheftet und bilden somit das Geflecht. Zur Einfriedung land- und forstwirtschaftlicher Flächen, aber auch als Schutzmaßnahme bei Gehölzneupflanzungen finden die Geflechtzäune hauptsächlich Verwendung. Sie werden straff gespannt und an runde Holzpfosten oder auch an gespaltene kantige Pfosten aus Harthölzern mit Drahtschlaufen befestigt.

Türen und Tore

Türen und Tore haben eine abschließende Funktion. Je nach Gestaltungsabsicht und der angrenzenden Einfriedung sind sie transparent oder dicht geschlossen. Die Breite der Türen liegt zwischen 62 cm und 150 cm, die der Tore in der Regel bei mindestens 250 cm. Nach der Art der Öffnungen gibt es Dreh- und Schiebetüren bzw. -tore, die vorwiegend in Gärten zum Einsatz kommen. Pendel- und Falttüren bzw. -tore haben in Freianlagen nur eine geringe Bedeutung. Nach Art der Konstruktion unterscheidet man Bretter- bzw. Lattentüren und Rahmentüren. Bretter- und Lattentüren bestehen aus zwei Querriegeln, einer Diagonalstrebe und den darauf befestigten Brettern oder Latten. Die Türflügel sind mit Stahlbändern versehen und mit Kloben an den Pfosten aufgehängt. Die Türpfosten können aus Hartholz, gemauert oder betoniert sein. Rahmentüren sind gekennzeichnet durch einen umlaufenden Türblattrahmen mit Querriegeln, eine Verbretterung, ein Abdeckbrett, Stahlbänder, Kloben und Schloss. Bei Rahmentüren sehen beide Seiten gleich aus; sie sind schwerer als Bretter- bzw. Lattentüren und sie werden in der Regel an Wänden oder Pfeilern befestigt.

◁ Diagonalzaun aus halbrunden Hölzern, die Lattenköpfe sind schräg zugespitzt.

◁ Zaun aus gehobelten Latten mit Gartentür. Die Köpfe sind dachförmig ausgebildet.

▽ Staketenzaun aus Halbrundhölzern, Riegel halbrunde Stangen, Rundpfosten gefast, Köpfe kegelförmig zugespitzt.

▷ Hoher Holzzaun aus Rundhölzern, runden Querriegeln und Rundpfosten, alle Hölzer höhengleich. Die Rundhölzer sind doppelseitig versetzt auf die Querriegel geschraubt.

△ Senkrechter Sichtschutzzaun aus einzelnen Zaunfeldern, die an den Pfosten mit Winkeleisen befestigt sind.

▷ Sichtschutzzaun aus gehobelten Brettern, Pfosten aus Vierkantrohr, Querriegel aus Bandeisen mit vorgefertigten Bohrlöchern. Alle Stahlteile sind feuerverzinkt. Die Bretter sind doppelseitig versetzt an die Bandeisen geschraubt.

◁ Über 2,0 m hohe ungeschälte Birkenstämme sind dicht an dicht senkrecht in den Boden eingelassen.

△ Flechtzaun; gespaltene, unten zugespitzte Stammstücke dienen als Pfosten. Im Abstand von 40–50 cm in den Boden geschlagen, werden sie mit Ruten aus Haselnuss oder Weide waagerecht verflochten.

△ Transparenter Zaun aus Rundpfosten und Rundhölzern, die an den Pfosten versetzt übereinander genagelt sind. Die Zaunpfosten sind überstehend, die oberen Rundhölzer höhenversetzt.

◁ Sichtschutzzaun aus dicht gestellten Bambusstangen, eingespannt in U-Stahl. Die Stahlpfosten und Stangen sind höhengleich.

▷ Sichtschutzzaun aus Schilfrohrmatten und Granit-Pfosten.

△ Sichtschutzzaun aus Kokosmatten, die an Bambusstützen befestigt sind.

▷ Flechtzaun; die Rundpfosten sind im Abstand von 40–50 cm in den Boden geschlagen und mit langen Weidenruten waagerecht verflochten.

▷ Senkrechter Flechtzaun aus Holz. Die Bretter sind in drei runde Querriegel eingespannt.

◁ Fernöstlicher Zaun aus Bambuselementen.

△ Rustikal wirkende Spalthölzer aus Eiche vor einer Hainbuchenhecke.

△ Rankzaun bestehend aus rechteckigen Holzpfosten und Rundeisen, die in unterschiedlich hohen Abständen an den Pfosten befestigt sind und von Schlingpflanzen erobert werden.

◁ Sichtschutzwand aus Betonplatten, die in Doppel-T-Stahlrahmen eingefasst sind. Wirkungsvoller Schichtschutz!

▷ Rankwand aus Holzelementen mit schwarzen Kunststofflamellen und kletterndem Efeu.

△ Weidenhecke, jedoch mit senkrecht in den Boden gesteckten Ruten, die durch drei Spanndrähte oder Seile fixiert werden. Es entsteht ein lebender Zaun.

▷ Sichtschutzwand aus grauen, blauen und schwarzen Kunststoffbrettern, die an Querriegel geschraubt sind.

▷ Wuchtiges Rankgerüst aus Holz, einzelne Felder sind mit rautenförmigen Holzelementen bestückt.

◁ Oben: Schwach durchsichtige rötlich gefärbte Plexiglasplatten, die an Stahlpfosten geschraubt sind.

◁ Mitte: Rückwand einer Pergola, die als Sichtschutz aus blauen Glasbausteinen gebaut ist.

◁ Unten: Schutzwand aus Cortenstahlplatten an Pfosten befestigt.

△ Trennscheiben aus Cortenstahlplatten. Rotbuche und Silber-Ölweide werden kammerartig unterteilt und später kastenförmig geschnitten. Spannender Farbeffekt: dunkelgrün und silbergrau wechseln sich ab.

◁ Harmonische Zaungestaltung mit Viereckgittern aus Flachstahl. Die einzelnen Zaunfelder sind an Vierkantpfosten geschraubt und stehen etwas zurückversetzt in der Bepflanzung.

△ Oben: Stahlzaun aus T-Stahlpfosten und waagerecht angeordneten Rundstäben. An den Pfostenenden ist das Handlaufrohr angeschweißt.

△ Absturzgeländer; Pfosten und Handlauf sind aus Edelstahl, Seile aus dem gleichen Material sind durch die Pfosten gezogen.

◁ Zaun aus Flachstahlpfosten, Querriegeln und Füllstäben aus dem gleichen Material. Der Zaun steht auf einer abgetreppten Sockelmauer mit Abdeckplatte.

▷ Moderner Stahlzaun mit filigranen Gitterpfosten. Die Zaunfelder sind an die Gitterpfosten geschraubt.

△ Waagerechter Stahlzaun auf einem Betonsockel. Die Pfosten und Querstäbe sind gleich dimensioniert.

▷ Stahl-Holzgeländer mit Pfosten aus Profilstahl, waagerecht gespannten Edelstahlseilen und einem runden Handlauf aus Hartholz.

▷ Stahl-Holzgeländer mit rechteckigen Pfosten aus Hartholz. Einfache Rahmengitter sitzen zwischen den Pfosten, darüber verläuft ein Stahlrohr als Handlauf.

◁ Stahl-Holzzaun mit waagerechten Holzlatten, die in Profilstahlrahmen befestigt sind. Die tragenden Stahlpfosten fallen kaum auf.

▷ Stabiles Drahtgeflecht, kunststoffbeschichtet mit gleichmäßiger rechteckiger Maschenweite.

▽ Zierhandlauf als einseitige Absturzsicherung.

△ Geschmiedeter Handlauf. Im Detail die Stelle, an der das Rohr an den Pfosten genietet ist.

▷ Einfache Stahltür mit Türrahmen aus Vierkantrohr, Zaun und Türfüllung sind identisch.

△ Mauerbogen aus Sandstein mit schmiedeeiserner Tür. Die senkrechten Füllstäbe sind mit zwei geschmiedeten Rosenzweigen verziert.

▷ Stahltür mit hohem Rundbogen. Senkrechtstäbe und Querbänderung gliedern die Tür.

Pergolen und Schutzdächer

Der Ursprung von Pergolen und Spaliergerüsten führt zurück in die Antike als die Ägypter und Hethiter bereits Wein anbauten. Hölzerne Gerüste dienten als Halterung für die langtriebigen Weinstöcke. Damit verbunden war eine gewisse Schutzfunktion vor den Einflüssen und Unbilden der Natur. Bei den Griechen und später bei den Römern fanden sich die Baulichkeiten aus Holz wieder, wobei hier schon eine Tendenz zu Gitterwerken spürbar wurde. In den vornehmen Villen der Römer pflanzte man nicht nur Wein an die Gitterwerke, sondern auch duftende Kletterrosen.

Der mittelalterliche Garten war meist von einfachen Lattenzäunen umgeben, aber auch schön gestaltete Spalierwerke fanden einen besonderen Platz mit einer üppigen Pflanzenfülle. Später, während der Renaissance zierten Lauben, Pergolen und Bogengänge die Gärten. Insbesondere die Lauben übernahmen eine dominante Rolle in den gestalteten Außenräumen. Als üppig bepflanzte Grünelemente traten sie in Erscheinung und waren primär mit echtem oder falschem Wein, Hopfen oder Geißblatt, aber auch mit Rosen bepflanzt. Die Bepflanzung mit Obstgehölzen, Wein und Kräutern förderte die Selbstversorgung, die in dieser Zeit eine erhebliche Rolle spielte. Besondere Spaliergerüste aus Eisen, die hauptsächlich in Italien konstruiert wurden, konnte man gelegentlich bewundern. Die Verbreitung der Spaliergerüste aus Holz und Eisen dehnte sich im Laufe der Jahrhunderte auf Europa aus.

Heute dienen Pergolen und Schutzdächer dazu, Terrassen und Sitzplätze zu beschatten. Gleichzeitig übernehmen sie aber auch die Aufgabe einen Garten in der Vertikalen zu gliedern. Kletterpflanzen wie Blauregen (*Wisteria*), Trompetenblume (*Campsis*) oder Waldrebe (*Clematis*) erobern die Pergolen im Garten und bilden gemeinsam mit ihnen eine wunderschöne Einheit.

Pergolen und Schutzdächer können in vielfältiger Art und Weise gebaut werden. Reine Holzkonstruktionen wirken oft sehr schwer, Kombinationen aus Holz und Stahl wirken dagegen etwas leichter. Schmiedeeiserne Pavillons eignen sich gut als Rankhilfe für Kletterrosen und geben dem Garten eine verspielte Anmutung. Auch Natursteine, Backsteine und Beton können beim Bau von Pergolen Verwendung finden.

Bei Holzpergolen sollte besonders auf die Fundamentierung geachtet werden. Dann können im Bedarfsfall einzelne Pfosten ausgetauscht werden, ohne dass neue Fundamente notwendig werden.

Im Grunde genommen sind aber beim Bau einer Pergola oder eines Schutzdaches der eigenen Fantasie keine Grenzen gesetzt.

▷ Offener Achteck-Pavillon mit Runddach, gedeckt mit Kupferblech. Pfosten und Stirnverkleidung sind aus Holz.

◁ Kantholzpergola mit Doppelpfosten aus je zwei Kanthölzern. Die Pfetten sind quadratisch, die Sparren rechteckig und gehobelt, die Kanten gebrochen. Imprägniertes Weichholz.

△ Kassettenpergola mit Rundpfosten und Pfetten aus Metall. Die gerasterten Sparren sind auf die Pfetten aufgekämmt.

△ Trapezförmige Holzbalkenelemente aus Pfosten und Sparren, die in etwa 3–4 m Abständen hintereinander versetzt, über einem Weg verlaufen. Rankseile an den Pfosten erleichtern der Bepflanzung das Klettern.

◁ Wuchtig wirkende Holzbalkenelemente, die in etwa 2 m Abständen hintereinander versetzt, eingebaut sind.

▷ Eine Rundpergola aus einfachen Kanthölzern rahmt diesen Sitzplatz.

△ Gestaffelt angeordnete Einzelpergolen aus Holz mit Sichtschutzelementen und üppiger Bepflanzung.

▷ Besonders leicht wirkende Holzpergola, die in einer öffentlichen Grünanlage über einen Weg verläuft. Die einzelnen Holzbrücken sind seitlich und oben mit Drähten bespannt.

▷ Elegant wirkende weiß lasierte Kantholzpergola in einem Rosengarten.

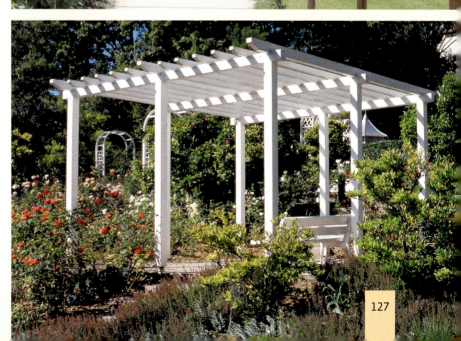

◁ Oben: Mehrere Einzelpergolen mit Holzpfosten und walmdachförmiger Dachkonstruktion aus Balken und Latten, die von Glyzinien erobert werden.

◁ Unten: Laubengang mit gemauerten Steinpfeilern und Holzauflage, den Abschluss und Blickfang bildet eine Steinplastik.

△ Holzpergola mit farblich passender Sichtschutzwand in taubenblauem Farbton.

◁ Einzelne Stahlelemente aus Rechteckrohr überspannen einen Gehweg mit angrenzenden Staudenbereichen. Durch die optische Verkürzung entsteht eine starke perspektivische Wirkung.

▷ Stahlpergola aus 4 L-Profilen als Pfosten mit eingespannten Stahlprofilen als Querverbindung. Diese sind durch längslaufende Edelstahlseile miteinander verbunden.

◁ Große Achteckpergola aus Profilstahl über ein Forum in einem Schulhof. Die Mittelsäule und Sparren sind aus Rundrohr, Außenpfosten und Pfetten aus T-Stahl.

▷ Interessante, kleine Pergola mit vier schräg eingebauten Stützen und gitterförmig aufgeteiltem Glasdach.

▷ Ein breites Eisenband in über 2 m Höhe über dem Boden, an Pfosten befestigt, durchzieht in konkav und konvexform den Gartenbereich.

▽ Das pergolaartige Rundstangengerüst überstellt einen Heckenbereich.

▷ Markant wirkende Rahmen aus Doppel-T-Profilstahl, kreuzförmig versetzt und mit Stahlwänden kombiniert.

◁ Pergola mit weit überstehenden Rohrpfosten. Pfetten und Sparren sind rechteckige Kanthölzer, die Seitenflächen sind transparent ebenfalls mit Kanthölzern geschlossen. Die Hölzer sind fröhlich gelb gestrichen.

△ Gebogene Pergola mit Pfosten und Pfetten aus verzinktem und kunststoffbeschichtetem Profilstahl. Die Sparren sind aus Holz.

△ Stahl-Holzpergola auf einer Klinkermauer stützend, vorne durch Profilstahlpfosten getragen. Pfetten und Sparren sind aus gleichmäßig dicken Rundhölzern.

◁ Effektvolle Pergola mit Sichtschutzwand aus quadratischen Stahlbetonpfosten. Im Kopf eingesetzte 10 cm hohe Abstandhalter aus Rundstahl geben der Pergola ein „schwebendes" Aussehen. Pfetten und Sparren sind aus Brettschichtholz.

▷ Pergola mit glatten Stahlbetonpfosten. Der Kopf ist für die Pfetten passend ausgerundet. Die Sparren bestehen wie die Pfetten aus groben Rundhölzern.

△ Quadratische Granit-Monolithe mit ausgerundetem Kopf tragen die Pfetten aus Rundholz mit genagelten überstehenden Sparren.

▷ Sandstein-Monolithe sind mit bogenförmigen Kanthölzern verbunden. Die Sparren in Längsrichtung sind aus Rundholz.

▷ Schräg angebrachtes Segeltuch als Sonnenschutz an vier Stahlpfosten.

△ In einer modernen formalen Gartenanlage wird der Weg mit einem schwarzen Kunststoffflor überspannt.

▷ Oben: Kleiner halboffener Holzpavillon mit 5-eckigem Grundriss.

▷ Mitte: Schutzdach mit stark ausgeprägter Rückwand aus Holz. Vordere Pfosten aus Stahlrohr.

▷ Unten: Expressiv gestaltetes, halb offenes Gartenhaus aus Holz, mit Dachpappe abgedichtet.

Rasen und Wiesen

Rasen setzt sich aus wenigen Rasengräsern zusammen, die sich durch permanenten Schnitt, Düngung und Wässern bei Trockenheit zu dauerhaften Pflanzengemeinschaften entwickeln. Die im Laufe der Zeit sich einstellenden Wildkräuter und Moose sind unerwünscht. Rasen ist trittverträglich und kann für Spiele im Garten benutzt werden. Mit der Zusammensetzung stabiler Rasengräser z. B. Spielrasen wird die Intensität der Benutzung erhöht. Intensive Pflegemaßnahmen sind allerdings Voraussetzung.

Bodenvorbereitung

Bei einem Neubau wird das Gelände durch Baumaschinen und Fahrzeuge stark verdichtet. Gravierend wirkt sich die Verdichtung bei lehm- und tonhaltigen Böden aus, die über einen halben Meter und mehr davon betroffen sein können.

Die Verdichtung zerstört die Bodenstruktur, der Luftaustausch ist unterbunden und der Boden neigt zu Staunässe. Die Situation wirkt sich negativ auf das Pflanzenwachstum aus. Vor Auftrag des Oberbodens ist das Geländeplanum mit einem geeigneten Erdbaugerät mit Aufreißhaken oder mit einem Untergrundlockerer mindestens 30–50 cm tief zu lockern. Der gelockerte Untergrund darf nicht mehr mit Geräten und Fahrzeugen befahren werden. Um weitere Verdichtungen bei der Oberbodenandeckung zu vermeiden, sind die Arbeiten nur bei trockener Witterung auszuführen. Dabei fährt das Gerät über den bereits angedeckten Boden. Anschließend werden die geringfügigen Verdichtungen mit einer ca. 30 cm tief reichenden Fräse gelockert.

Die Bodenverbesserung richtet sich nach den physikalischen Bodeneigenschaften. Handelt es sich um einen bindigen Boden, wird dieser mit gewaschenem Sand abgemagert. Eine Schicht Sand in einer Dicke von 4–5 cm wird aufgetragen und ca. 10 cm tief eingefräst. Bei stark beanspruchten Rasenflächen im Hausgarten ist der Vorgang zu wiederholen.

Die Bodenstruktur lässt sich auch mit Bodenhilfsstoffen wie Agrosil LR (8 kg/100m²) oder Alginure-Bodengranulat (5–7 kg/100 m²) verbessern.

Bei nichtbindigen Böden sollte das Wasserhaltevermögen stabilisiert werden. Reife Komposterde (2–3 m³ je 100 m²) sind hierfür bestens geeignet. Mineralische Zuschlagstoffe wie Bentonit, Perlite und Kunststoffprodukte wie Hygromull erhöhen ebenfalls die Wasserspeicherfähigkeit des Bodens.

Die Versorgung des Bodens mit Nährstoffen ist eine weitere vorbereitende Maßnahme für einen strapazierfähigen Rasen. Durch eine Bodenuntersuchung werden die vorhandenen Nährstoffe ermittelt. Landwirtschaftliche Untersuchungsämter führen die Analyse durch und empfehlen daraufhin eine sachgerechte Düngung.

> **Info**
> Für einen strapazierfähigen Rasen werden folgende Richtwerte für die Grunddüngung empfohlen:
> Rein-N   10g/m²
> Rein-P_2O_5 10g/m²
> Rein-K_2O 15g/m²

Bei Landschaftsrasen reicht die Hälfte der Nährstoffe. Böden für Wiesennutzung werden nicht mit Nährstoffe versorgt.

Nach dem Verteilen der Bodenverbesserungsmittel und des Düngers werden diese 10 cm tief eingefräst. Als nächster Arbeitsgang wird das Feinplanum hergestellt. Steine und Wurzelunkräuter wie Disteln, Quecken, Ackerwinden, Schachtelhalm, Giersch o. ä. werden entfernt. Der Boden muss sich wieder setzen, bevor angesät wird. Wenn dafür keine Zeit zur Verfügung steht, kann mit einer leichten Walze die Bodenoberfläche etwas verdichtet werden.

Kleine Flächen werden von Hand eingesät, mit dem Rasenigel eingearbeitet und abgewalzt. Größere Flächen werden mit der Rasenbaumaschine hergerichtet. Etwa 30 000 bis 50 000 Rasensamenkörner kom-

▷ Ein Rasenweg wird von üppigen Lavendelbändern begleitet. Das ruhige Rasengrün neutralisiert die Blütenpracht.

men je Quadratmeter zur Ansaat. Diese Saatgutmenge entspricht für Gebrauchs- und Landschaftsrasen 20 g je m², für Spiel- und Sportrasen 25 g je m². Die Ansaat erfolgt in zwei getrennten Arbeitsgängen, wobei der Samen nicht zu tief in den Boden gelangen darf.
Bei leichten Böden wird eine Saattiefe von 1 cm, bei bindigen Böden ein Saattiefe von 0,5 cm empfohlen. Die günstigste Aussaatzeit ist von Mitte April bis Mitte Juni und Anfang August bis Ende September.

Etwas feucht sollte der Boden sein und die Temperatur sollte nicht unter 8 °C sinken. Der keimende Samen ist sehr empfindlich, schon bei kurzen Trockenperioden ist mit Ausfällen zu rechnen, wenn in dieser Zeit nicht behutsam gewässert wird.

Regel-Saatgutmischungen

Jährlich veröffentlicht die Forschungsgesellschaft für Landschaftsentwicklung und Landschaftsbau e.V. FFL Bonn eine Broschüre „Regel-Saatgutmischung (RSM)" mit den neuesten Erkenntnissen über Rasen und Rasensaatgut. Verschiedene Arten von Rasensamen sind in den einzelnen Regel-Saatgutmischungen enthalten. Die Qualität der Rasennarbe hängt wesentlich von der Sorte der jeweiligen Gräserart ab. Wichtiger als die Mischungsanteile sind die Sorten der Gräser. Auch das Einbringen von zwei bis drei Sorten in die Mischung wirkt sich bei Gebrauchs-, Spiel- und Sportrasen positiv aus. Nachdem Landschaftsrasen Beimischungen von Kräutern enthält, sind die Sortengräser hier nicht so entscheidend.

Fertigrasen

Fertigrasen soll aus Regel-Saatgutmischungen hergestellt und für den Anwendungszweck geeignet sein. Kräuter und Fremdgräser dürfen bei Zierrasen 2 %, bei Gebrauchsrasen 5 % nicht überschreiten. Die Grasnarbe muss dicht und zusammenhängend sein; die Schäldicke beträgt ca. 2 cm. Die Teilstücke müssen gleich lang (167 cm) und gleich breit (30 cm) sein.

Der Boden wird genau wie bei der Aussaat vorbereitet, jedoch ist für das rasche Anwachsen eine zusätzliche Stickstoffdüngung vor dem Verlegen empfehlenswert. Wesentlich ist eine gute Durchfeuchtung des Bodens. Der Fertigrasen wird im Verband mit engen Fugen, höhengleich verlegt und mit einer leichten Walze angedrückt. Um eine in sich ebene Rasenfläche zu erreichen, müssen die einzelnen Rasenstücke gleich dick sein, zu dünn geschälte Rasenstücke werden aussortiert.

Die beste Zeit um Fertigrasen zu verlegen ist das Frühjahr. Falls im Herbst verlegt wird, muss der Boden noch warm sein, eine Bodentemperatur von 6 °C sollte nicht unterschritten werden. In heißen Sommern sollte kein Fertigrasen verlegt werden.

Fertigstellungspflege

Generell erwartet man, dass Rasenflächen nicht lückig, sondern möglichst geschlossen sind. Nach der Ansaat sind also Pflegearbeiten wie Beregnen, Mähen und Düngen durchzuführen, damit dieser Zustand erreicht wird. Die Arbeiten werden mit dem Begriff

Rasentypen entsprechend der DIN 18917			
Rasentyp	Anwendungsbereich	Eigenschaften	Pflegeansprüche
Gebrauchsrasen	Öffentliches Grün, Wohnsiedlung, Hausgärten u. ä.	Beanspruchbarkeit mittel, widerstandsfähig gegen Trockenheit	Mittel bis hoch
Spiel-/Strapazierrasen	Spielplätze, Liegewiesen, Hausgärten u. ä.	ganzjährige hohe Belastbarkeit	mittel bis hoch
Landschaftsrasen	Überwiegend extensiv genutzte Flächen, Rasen in der freien Landschaft, Rasen an Verkehrswegen	hoher Erosionsschutz, Widerstandsfähig an extremen Standorten, meist nicht oder wenig belastbar	gering bis mittel
Parkplatzrasen	Parkplätze, Zufahrten	ausreichend belastbar bei ständig mäßiger oder periodisch starker Verkehrsfrequenz	gering bis mittel
Zierrasen	Repräsentationsgrün, Hausgärten	dichte, teppichartige Narbe aus feinblättrigen, farbintensiven Gräsern, Belastbarkeit gering	hoch bis sehr hoch

„Fertigstellungspflege" definiert. Wieviel Pflegegänge durchzuführen sind, ist vom Rasentyp, dem Herstellungstermin, der Witterung und dem Boden mit seinen Nährstoffen abhängig. Sehr oft reichen die natürlichen Niederschläge nicht aus, es muss zusätzlich beregnet werden, damit der junge Rasen gut anwächst und keine Trockenschäden erleidet.

Zur Bildung einer gleichmäßigen, dichten Rasennarbe sind regelmäßige Schnittmaßnahmen notwendig. Bei einer Wuchshöhe von 6–10 cm wird der Rasen auf 4 cm Höhe mit einem geeigneten Mähgerät geschnitten. Das Schnittgut bleibt auf der Fläche liegen bzw. fällt teilweise zwischen die jungen Gräser und beschattet den Boden.

Im Zuge der Bodenvorbereitung wurde auf eine ausreichende Nährstoffversorgung mit Kali und Phosphorsäure hingewiesen. Stickstoff wird rasch in den Boden ausgewaschen, ausreichende Stickstoffgaben sind deshalb empfehlenswert.

Wiesen

Wiesen sind artenreich und setzen sich aus niedrigen und höheren Gräsern und Kräutern mit vielfältigen Blatt- und Blütenständen zusammen. Die Tierwelt ist ebenfalls sehr mannigfaltig. Viele Gartenbesitzer mit größeren Gärten, die auf intensive Rasenpflege verzichten wollen, bevorzugen eine Wiese.

Wie kann nun eine größere Rasenfläche in eine Wiese oder in einen Blumenrasen umgewandelt werden? Eine der ersten Maßnahmen ist die Reduzierung der Mähgänge. Im späten Frühjahr nach dem Verblühen von Löwenzahn, Hahnenfuß und Gänseblümchen erfolgt der erste Schnitt. Der zweite Schnitt wird im September nach dem Abblühen der Sommerblüher durchgeführt. Nicht nur die Schnittmaßnahmen sind zu reduzieren, auch die Düngung und das Wässern in Trockenzeiten ist einzustellen. Gräser und Kräuter passen sich dem Mikroklima im Garten an und werden mit der Zeit widerstandsfähiger, wenn die Maßnahmen unterbleiben.

Eine weitere Methode ist die Ansaat von Wiesenkräutern in bereits vorhandene Rasenbestände. Die Auswahl geeigneter Wiesengräser- und Kräuter abgestimmt auf den Standort ist entscheidend für den Erfolg einer dauerhaften Pflanzengesellschaft. Von Spezialfirmen können die Samen der Wiesengräser- und Kräuter bezogen werden.

Kleinblumenzwiebeln und -knollen wie Schneeglöckchen, *Scilla*, *Crocus*, Narzissen u. a. bereichern ungemein die sich entwickelnde Wiesengesellschaft. Sie werden im Oktober in den Boden gesteckt und blühen im zeitigen Frühjahr.

Das Mähgut wird immer von der Wiesenfläche abgerecht und beseitigt, um bei der Verrottung den Stickstoffeintrag auszuschließen.

Aussaatverfahren

Geeignete Saatgutmischungen für Wiesen werden von anerkannten Saatenhandels-Firmen bezogen, deren Pflanzeninventar unter natürlichen Bedingungen kultiviert wird. Die Samen der Pflanzen dürfen nicht durch Züchtungen verändert worden sein. Es sind also Gräser- und Kräuterarten auszusäen, die in dem Vegetationsgebiet beheimatet (autochton) sind. Die Aussaatmenge ist gering, bis zu 5g Saatgut je Quadratmeter sind ausreichend.

◁ Talartige Geländegestaltung mit Rasenbewuchs. Seitlich betonen und gliedern geschnittenen Eibenhecken den Raum.

◁ Großräumige Geländegestaltung in einem Park mit einer weiten Rasenfläche.

◁ Im Hausgarten des Autors hat sich im Laufe der Jahre die modellierte Rasenfläche infolge reduzierter Pflegegänge zu einem Blumenrasen entwickelt, in der eine Vielzahl von Blütenpflanzen wachsen. Der rechte Hangbereich wird von der wärmeliebenden Klee-Saumgesellschaft eingenommen mit den Charakterpflanzen Odermennig und Mittlerer Klee.

▷ Eine ebene Rasenfläche mitten im Garten – vielfältig nutzbarer Gartenraum.

△ Eine schöne Alternative zur schlichten Rasenfläche ist eine artenreiche Blumenwiese am Haus.

▷ Fertigrasen wird zur schnellen Hangbegrünung verlegt.

Formgehölze und Schnitthecken

Gärten der Renaissance und des Barock wurden mit Formgehölzen und Schnitthecken überreich ausgestattet. Hohe Hecken aus Hainbuche, Rot-Buche u. a. begleiten die oftmals kilometerlangen Wege in den großen Gartenanlagen.

In der heutigen Gartengestaltung werden Formgehölze nicht nur in formalen, sondern auch in freigestalteten Gärten verwendet. Als Kugel, Würfel, Kegel, Pyramide und anderen Figuren sind sie ruhende Pole in einer oft lebhaften Bepflanzung. Zuweilen werden sie intensiv in modernen Gärten eingesetzt.

In kleinen und schmalen Gärten sind **Schnitthecken** ideale Grünelemente zur Einfriedung. Mit ihnen lässt sich der Garten auch wirkungsvoll gliedern. Durch ihre Geradlinigkeit treten Schnitthecken als architektonische Grünelemente in Erscheinung. Sie können abgeschlossene Räume bilden und dem Garten Struktur und Klarheit verleihen. Je nach Gehölzart beanspruchen sie wenig Platz, mäßigen Wind, absorbieren Staub und bieten Sichtschutz.

Die Hecken werden einmal im Jahr zwischen August und September, nach Abschluss des Austriebes geschnitten. Schnellwüchsige Hecken schneidet man zweimal, nach dem Austrieb im Juni und im August. Zu verjüngende ältere Hecken, deren Form wieder exakt hergestellt werden soll, werden im Winter stärker, wenn nötig ins alte Holz zurückgeschnitten. Bei Lichtmangel verkahlen Hecken von unten. Aus diesem Grund schneidet man keine senkrechten, sondern nach oben hin verjüngende Heckenwände. Somit wird das Wachstum gefördert, sie bleiben kompakt und geschlossen.

Die Wurzelausbreitung ist je nach Gehölzart beträchtlich. Sie wachsen über die Heckenbreite hinaus, entziehen dem Boden Wasser und Nährstoffe. Ergiebiges Wässern und regelmäßige Düngung sind unerlässlich.

Schnitthecken sind für prachtvolle Staudenrabatten ein ruhiger und neutraler Hintergrund. Zwischen Hecke und beginnender Staudenpflanzung ist wegen starker Durchwurzelung ein gebührender Abstand von 80–100 cm einzuhalten. Diese Fläche dient dann gleichzeitig als Pflegeweg, wenn die Hecke geschnitten wird.

Kleine Einfassungshecken
Lavendel – *Lavandula angustifolia*
Schleifenblume – *Iberis sempervirens*
Buchs für Einfassungen – *Buxus sempervirens* 'Suffruticosa'
Spindelstrauch – *Euonymus fortunei*
Kleine Heckenkirsche – *Lonicera nitida*
Rote Zwerg-Berberitze – *Berberis thunbergii* 'Atropurpurea Nana'

Schnitthecken 30–60 cm hoch
Buchsbaum – *Buxus sempervirens* var. *arborescens*
Zwerg-Liguster – *Ligustrum vulgare* 'Lodense'
Mahonie – *Mahonia aquifolium*
Heckenkirsche – *Lonicera nitida* 'Elegant'
Japanische Quitte – *Chaenomeles japonica*
Purpur-Weide – *Salix purpurea* 'Nana'

Schnitthecken 60–100 cm hoch
Buchsbaum – *Buxus sempervirens* var. *arborescens*
Berberitze – *Berberis thunbergii*
Japanische Quitte – *Chaenomeles japonica*
Kornelkirsche – *Cornus mas*
Eibe – *Taxus baccata*
Hainbuche – *Carpinus betulus*
Rot-Buche – *Fagus sylvatica*
Japanischer Liguster – *Ligustrum obtusifolium* var. *regelianum*
Liguster – *Ligustrum vulgare*
Wintergrüner Liguster – *Ligustrum vulgare* 'Atrovirens'
Feuerdorn – *Pyracantha coccinea*
Europäische Lärche – *Larix decidua*
Abendländischer Lebensbaum – *Thuja occidentalis*
Lebensbaum – *Thuja plicata* 'Atrovirens'

Schnitthecken 2–4 m hoch
Hainbuche – *Carpinus betulus*
Rot-Buche – *Fagus sylvatica*
Blut-Buche – *Fagus silvatica* 'Atropurpurea'
Feld-Ahorn – *Acer campestre*
Europäische Lärche – *Larix decidua*
Winter-Linde – *Tilia cordata*
Abendländischer Lebensbaum – *Thuja occidentalis*
Eibe – *Taxus baccata*

◁ Buchsbaumhecke etwa 40 cm hoch mit Junkerlilie und Frauenmantel.

△ Sommerlinde als Solitärbäume spalierförmig gezogen und geschnitten.

◁ Die beiden über 2,0 m hohen Schnitthecken (*Thuja occidentalis*) begleiten einen schmalen Weg. Es entstehen effektvolle Licht und Schattenspiele.

▷ Eine niedrige Buchsbaumhecke begleitet einen Weg, als schöner Kontrast dahinter eine Trockenmauer. Kugelbuchs akzentuiert den Übergang zur Treppe.

▷ Ein spiralförmig geschnittener Buchsbaum inmitten geschnittener Hecken dient als Blickfang in einem formalen Garten.

▽ Im Garteninnern vor einer Gabionenmauer sind als Blickfang unterschiedlich große Kugelbuchsbüsche arrangiert.

▷ Kugelbuchsbüsche en masse, jedes Gehölz steht aber für sich. Zusammen mit den Birken darüber entsteht ein schönes Licht- und Schattenspiel.

◁ Oben: Versetzt angeordnete Heckenstücke aus Eiben (*Taxus baccata*) mit abgeschrägten und bogenförmigen oberen Heckenköpfen. Zusammen mit der akzentbildende Vorpflanzung aus Stauden und Gräsern entsteht eine sehr gute Gestaltung.

◁ Mitte: Schnitthecken aus Abendländischen Lebensbäumen (*Thuja occidentalis*) mit einer Höhe von etwa 2 m bilden nicht einsehbare Gartenräume.

◁ Unten: Kulissenartig gestaffelte Heckenstücke mit intimen Pflanznischen.

△ Lineare Hecken aus Hainbuchen begrenzen dahinter liegende Grundstücke und ergeben eine gute perspektivische Wirkung.

Wasser im Garten

Das Gestaltungskonzept des Gartens bestimmt den Standort, die Form und die Größe des Gartenteiches. Ein bevorzugter Standort befindet sich unmittelbar an der sonnigen Terrasse. Eine Wasserfläche direkt am Haus, die eine vielfältige Wasserfauna aufweist, Kleintiere und Vögel anlockt, ist von besonderem Reiz und an Lebendigkeit nicht zu überbieten. Aber auch vom Haus entferntere Bereiche sind in Verbindung mit einem Sitzplatz gute Standorte für einen Gartenteich. Einfache geometrische, und asymmetrische Formen sind ansprechender als übertriebene Formenspiele. Die Teichgröße spielt eine wesentliche Rolle, denn kleine tümpelartige Wasserflächen verlieren sich in größeren Gärten. Eine größere Wasserfläche erscheint als ruhender Pol und ist Spiegelbild des Himmels und der Wolken. Bei guter Ausgewogenheit von Wasser-, Pflanz- und Rasenfläche entsteht eine bezaubernde Gartenatmosphäre.

Foliendichtung

Dichtungsbahnen aus Folien haben sich in der heutigen Zeit bestens bewährt. Sie sind im Baustoffhandel in einer Dicke von 0,8mm bis 2,0mm erhältlich. Nach dem Erdaushub wird auf das Erdplanum eine dünne Ausgleichsschicht aus Sand aufgebracht. Danach folgt ein Schutzvlies (300g/m²), das die Folie vor spitzen Steinen schützt.

Die Folienbahnen haben Breiten von 1,04–2,08 m und werden durch Quellverschweißung miteinander verbunden. Überlappungen der Bahnen von mindestens 5 cm sind dabei notwendig. Schweißflächen müssen schmutzfrei und trocken sein. Individuell angefertigte Teichfolien werden vom Hersteller auch fertig zugeschnitten und zusammen geschweißt geliefert. Die Folie wird ausgelegt und mit Steinen fixiert, am Rand muss eine Kapillarsperre ausgebildet werden, um zu verhindern, dass sich der anstehende Boden voll saugt und der Teich Wasser verliert.

Der Uferrand wird mit Schotter, Kieselsteinen, Beton- oder Natursteinelementen abgedeckt. Der Teich wird mit Wasser befüllt und auf absolute Dichtigkeit geprüft.

> **Info**
>
> **Teichfolien müssen...**
> reißfest,
> dehnungsfähig,
> UV-beständig,
> wurzelfest,
> frost- und korrosionsbeständig,
> verrottungsbeständig,
> frei von Cadmium,
> und fischverträglich sein.

Durchdringungen wie Rohre, Pfosten u. ä. sind sorgfältig mit Flanschverbindungen abzudichten.

Dichtung mit wasserundurchlässigem Beton

Orthogonale Wasserbecken, wie Pflanz- oder Zierbecken, Schwimmanlagen u. a. werden hauptsächlich aus wasserdichtem Beton gebaut. Während man früher auf Betonwände und Bodenflächen einen wasserdichten Sperrputz auftrug, ist diese Bauweise wegen der späteren Rissbildung und damit verbundener Undichtigkeit heute nicht mehr aktuell. Der Statiker berechnet die Stahlbewehrung, legt die Dehnungsfugen und die Betongüte fest. Es ist nicht ratsam Betonbecken in Eigenregie zu bauen, Fachfirmen verfügen über die notwendigen Geräte, Materialien, Arbeitskräfte und stellen ein einwandfreies Bauwerk her.

Tondichtung

Ton ist ein Naturprodukt, das seit Jahrtausenden zur Abdichtung von Wasseranlagen verwendet wird. Dichtungsbahnen aus Kunststoff haben die Abdichtung mit Ton weitgehend verdrängt. Zurzeit ist die Verwen-

▷ Ein mit Schildblatt, Wiesenknöterich, Waldschmiele und Balkan-Wolfsmilch üppig bepflanzter Seerosenteich.

dung von Naturbaustoffen aber wieder verstärkt gefragt. Tonabdichtungen eignen sich für kleinere und mittlere Teiche mit flach ausgebildeten Ufern. Für Abdichtungsmaßnahmen muss der Ton eine geringe Wasserdurchlässigkeit aufweisen. Deshalb ist er auf seine Eignung zu untersuchen und die Kornzusammensetzung und die Wasserdurchlässigkeit zu prüfen. Der Durchlässigkeitsbeiwert sollte nach DIN 18130 <10−9 liegen.

Der Einbau von Bauteilen wie Pfosten und Rohren ist problematisch, weil bei Durchdringungen der Tonschicht der Teich undicht werden kann. In solchen Fällen wird die Tonschicht doppelt bzw. dreifach verstärkt und die Einbauteile mit Manschetten abgedichtet. Neuerdings können auch stark bindige Böden mit Produkten der Industrie abgedichtet werden. Sie werden dem Boden gleichmäßig beigemischt und mit einer statischen Walze wird das Planum verdichtet. Es entsteht ein starrer wasserundurchlässiger Untergrund, die Tonminerale sind durch die Zusatzstoffe nicht mehr quellfähig. Teichränder werden mit Systemprodukten absolut wasserundurchlässig hergestellt.

Fertigbecken

Fertigbecken aus Beton

Die Becken werden im Baustoffhandel in verschiedenen Formen und Größen angeboten. Wände und Boden sind wegen der Stahlbewehrung meist bis zu 10 cm dick. Die Sichtbetonoberflächen sehen bei fachgerechter Herstellung ordentlich aus. In der Regel werden Beton-Fertigbecken bis zu 3,0 m Größe viereckig oder rund industriell gefertigt. Mit dem Kranwagen werden sie an Ort und Stelle eingebaut. Frostfrei gegründete Einzel- oder Streifenfundamente reichen als Unterbau aus. Verwendet werden die Becken für Wasserpflanzen, als Springbrunnen- oder als Zierbecken.

Fertigbecken aus Stahl- bzw. Aluminium

Das Stahl- bzw. Aluminiummaterial erlaubt die Herstellung größerer Becken, die aus vorgefertigten Einzelteilen bestehen und auf der Baustelle zusammengeschraubt oder -geschweißt werden. Die Becken verformen sich geringfügig und haben deshalb bei aufgeschüttetem und verdichtetem Boden gewisse Vorteile. Um die Becken wird eine Filterschicht eingebaut. Im Spätherbst werden die Becken entleert.

Die Einzelteile bei Stahlbecken müssen feuerverzinkt sein und erhalten zur Erdseite hin einen zweifachen Bitumenanstrich. Aluminiumplatten sind wesentlich leichter, sie erhalten einen Schutzanstrich oder werden eloxiert.

Fließendes Wasser

Wasser in einem naturnahen Bachlauf oder in einer linearen Fließrinne ist immer eine reizvolle und belebende Attraktion im Garten. Während bei einem der Natur nachempfundenen Wasserlauf die örtlichen Gegebenheiten der Landschaft maßgebend sind, hat bei einem schmalen Wasserkanal die individuelle Gestaltung Vorrang.

Die Natur als Vorbild sollte in die Hausgartengestaltung mit einbezogen werden. Die Planung eines naturnahen Wasserlaufes ist vielgestaltig. Breite und enge Stellen wechseln sich ab. Auch die Tiefe des Wasserlaufes kann variieren, 10–15 cm, an tieferen Stellen 20–25 cm sind ausreichend. Eine Verengung des Wasserlaufes bewirkt ein rasches Durchfließen. Mit Findlingssteinen kann die Strömung gelenkt werden.

Wasserläufe benötigen ein Gefälle, das je nach Geländegestaltung bis zu 10% betragen kann. Im ebenen Gelände lässt sich ein geringer Höhenunterschied durch Erdmodellierung herstellen. 1–3% Gefälle reichen in der Regel aus um einen funktionsfähigen Wasserlauf zu bauen.

Wasserläufe werden meist mit Kunststoffbahnen gedichtet. Nach dem Erdaushub ist die Ausmuldung gut zu verdichten um nachträgliche Setzungen auszuschließen. Ist der Boden steinig, so wird unter die Dichtungsbahn ein Filtervlies (300g/m²) bzw. eine Ausgleichsschicht aus Sand ausgebracht. Die Dichtungsbahn wird auf die Wasserlaufbreite abgestimmt und in Längsrichtung ausgerollt. An den Rändern wird sie senkrecht nach oben gebogen, bis zum geplanten Erdanschluss. Bei stärkerem Gefälle wird der Wasserlauf treppenartig gestaltet, in Form von kleinen angestauten Becken. Mit Findlingssteinen oder mit Betonschwellen unter der Dichtungsbahn lassen sich Anstauungen gut herstellen.

An der tiefsten Stelle des Wasserlaufes bzw. im Teich ist eine auf das Gefälle und die Fließgeschwindigkeit abgestimmte Pumpe zu integrieren. Die Wasserzufuhr erfolgt vom Teich aus oder von einem eigenen Wasserreservoir. Die Pumpe transportiert das Wasser durch eine Leitung zum Quellstein, der als schöner Findling an der höchsten Stelle sichtbar eingebaut wird. Anstelle eines Quellsteines kann ein Quelltopf die Funktion des Wasseraustrittes übernehmen. Wie beim Teich ist der Wasserlauf vor der Bepflanzung auf Dichtigkeit und Funktion zu überprüfen. Erst dann wird das Erdsubstrat an den Rändern eingebracht. Das sorgfältige Überdecken mit Kies bzw. Schotter und ein letztes Ausrichten der eingebauten Findlinge ist eine der abschließenden Maßnahmen zur Herstellung eines fachgerecht gestalteten Wasserlaufes.

Wasserqualität

Nicht unbedeutend ist die Qualität des Wassers für den Gartenteich. Regenwasser als „weiches Wasser" wäre ideal, wenn Luftverschmutzungen oder abgelagerte Schadstoffe auf den Dächern nicht die Wasserqualität beeinträchtigen würden. Deshalb sollte das einzufüllende Regenwasser von einem Prüfinstitut untersucht werden. Ohnehin ist nach Trockenzeiten das erste Regenwasser in den Abwasserkanal abzuführen, um einer Teichverschmutzung durch Emissionsrückstände vorzubeugen. Zu hartes kalkhaltiges Wasser ist für den Teich nicht geeignet. Liegt ein Härtegrad von über 13° deutscher Härte vor, so ist der Wert zu senken. Eine Entkalkungsanlage, die im Wasser gelöste Salze abbaut, kann dafür eingesetzt werden. Mit chemischen Zusatzstoffen (Sulfate) lässt sich der Härtegrad ebenfalls senken. Wird Wasser zur Teichfüllung aus einem Gewässer 2. oder 3. Ordnung entnommen, so ist eine behördliche Genehmigung einzuholen. Auch hier ist eine Wasseruntersuchung auf Krankheitserreger und Schadstoffen ratsam.

Im Laufe der Zeit, meist sind es einige Monate, wird sich das biologische Gleichgewicht einstellen. Zwischenzeitlich kann bei hoher Nährstoffkonzentration eine starke Algenbildung eintreten. Ein Austausch des Wassers in dieser Zeit sollte aber unterbleiben, da sonst wichtige Mikroorganismen mit abfließen würden und sich die Entwicklung des biologischen Gleichgewichtes verzögern würde. Mitunter können sich am Teichboden Algenteppiche bilden, die aufsteigen und die Wasseroberfläche optisch beeinträchtigen. Schnelle Abhilfe schafft das Abfischen der hellgrünen Fadenalgen, gleichzeitig wird auch die Nährstoffkonzentration im Wasser verringert. Fische im Teich sind immer problematisch, weil mit dem Fischfutter permanent Nährstoffe in den Teich gelangen. Zusätzlich belasten die Ausscheidungen der Fische ebenfalls das Teichwasser. Ein Fisch je Kubikmeter Wasser wird als ausreichend angesehen. Die Kleinlebewelt im und am Teich ist jedoch so mannigfaltig, dass man auch durchaus ganz auf Fische verzichten kann.

Pflanzerde

Wasser- und Sumpfpflanzen verlangen einen bindigen Boden, mit Beimischung von Sand. Schon beim Teichaushub ist darauf zu achten, ob der Boden als Pflanzenerde geeignet ist. Der Aushubboden sollte frei von Steinen und Wurzelunkräutern sein. Humusreicher Oberboden ist für den Teich nicht geeignet, er enthält zu viele Nährstoffe, die die Algenbildung fördern. Die Zugabe von organischen oder mineralischen Dünger trägt bedeutsam zur Eutrophierung des Teiches bei und sollte aus diesem Grund unterbleiben. Organische Stoffe und Falllaub gelangen in den Teich und reichen zur Nährstoffversorgung der Pflanzen aus.

Beim Teichaushub und der Bodengewinnung ist der nährstoffarme Rohboden aus tieferen Schichten zu bevorzugen. Er wird mit 50 % Sand gleichmäßig vermischt und in einer Dicke von 15 cm in die ausgestalteten Uferränder eingebracht. Das gesamte Überziehen des Teichbodens und der Böschungen mit Erdsubstrat ist wegen einer rasch zunehmenden Verlandung nicht zu empfehlen. Schwimmblattpflanzen, wie Seerosen und andere Arten, können in perforierte Kunststoffbehälter gepflanzt werden. Die Ausbreitungskraft der Pflanzen wird dadurch besser in Grenzen gehalten zu Gunsten einer freien Wasseroberfläche.

Vorkehrungen zur Sicherheit

Sind Kleinkinder in der Familie oder in der Nachbarschaft, so müssen ausreichende Sicherheitsvorkehrungen getroffen werden. Zur Absicherung der Wasserfläche kann ein verzinktes engmaschiges Stahlgitter 10 cm unter dem Wasserspiegel angebracht werden.

Ein weiterer Schutz, ist ein engmaschiger etwa 60–80 cm hoher Zaun in einem Abstand von 2 m um den Teichrand. Kleintiere sollten jedoch zum Teich gelangen können. Der Zaun endet deshalb ca. 15 cm über dem Boden. Die Installation von Elektroleitungen, Pumpen und Scheinwerfern und dergleichen sollten immer durch eine Fachfirma des Elektrohandwerkes ausgeführt werden. Auf Unterwasserpumpen sollte zu Gunsten von trocken eingebauten Pumpen in einem Schacht oder im Keller verzichtet werden. Zu beachten ist, dass der Einbau von Tauchpumpen in offenen Gewässern neuerdings von seiten der Behörden nicht mehr erlaubt ist.

Beim Abschluss einer Haftpflichtversicherung für Haus und Garten sind die von einer Teichanlage eventuell ausgehenden Gefahren eigens zu versichern.

◁ Wegbegleitender Teich mit bepflanztem Kiesstreifen, das gegenüberliegende Ufer ist mit Gräsern bestanden.

△ Schrittplattenweg aus Sandstein führt über den Teich zu einem Nebenweg.

△ Kleiner Teich mit Seerose und Uferrandstauden.

◁ Unregelmäßig angeordnete Betonsteine über der Wasseroberfläche. Sie können als Trittsteine zum Begehen benutzt werden.

▷ Formales langgestrecktes Wasserbecken, das optimal in die Belagsfläche integriert ist und keine weitere Einfassung benötigt.

▷ Vertieft eingesetzter schwarzer Granitsteinbehälter mit neun springenden Wasserstrahlen. Das Objekt ist von Kiesbelägen umgeben.

▷ Expressiver langgestreckter Wassertisch in einem Ausstellungsgarten.

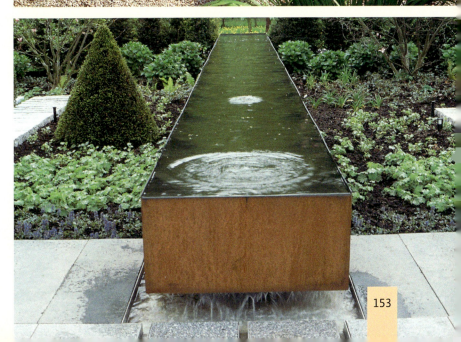

◁ Moderne Wasserstele mit Kaskade. Das Wasser plätschert in ein Becken und weiter in den Kanal, es wird am Kanalende durch eine Pumpe zurücktransportiert.

△ Unregelmäßiges, vertieftes Wasserbecken aus senkrechten Cortenstahlplatten, die in Rasenhügeln eingebunden sind.

△ Mit Edelstahl gefasster Wasserkanal mit einer Skulptur als Blickfang am Ende.

◁ Formales Wasserbecken aus wasserdichtem Stahlbeton, über Plattenstreifen ist die Wasserfläche begehbar.

▷ Orthogonales Wasserbecken mit Fontäne in einem formal gestalteten Rosengarten.

▷ Gekrümmtes flaches Wasserbecken mit Pflastersteineinfassung. Die hintere Uferbepflanzung kommt vor dem ruhigen Hintergrund der Schnitthecke besonders gut zur Geltung. Dichtung mit Folienbahnen.

▷ Rundweg führt halbseitig über ein formales Becken.

△ Rechteckiges in den Belag integriertes Seerosenbecken mit einseitig bepflanztem Uferrand.

▷ Oben: Wasserbecken zweiseitig in ein Holzdeck eingebunden. Die gegenüberliegenden Uferbereiche sind mit Findlingssteinen und einem Quellstein gestaltet.

▷ Mitte: Sehr flaches Wasserbecken ohne Bepflanzung. Der Boden ist mit Kieselsteinen belegt.

▷ Unten: Formal geschwungenes Wasserbecken mit einer lebhaften Bepflanzung aus Buchskugeln und Katzenminze. Der Beckenrand ist mit schlichten Betonplatten belegt.

◁ Oben: Rundes Metallbecken aus Cortenstahl. Im Kontrast zu der Kreisform des Beckens stehen die aufrechten Rohrkolben.

◁ Mitte: Geschwungene Wege aus Cortenstahlplatten führen über eine größere Wasserfläche.

◁ Unten: Ein mit Kalksteinen gefasster Wasserkanal durchfließt eine Rasenfläche.

△ Von Findlingssteinen eingefasste beckenartige Wasserbereiche begleiten höhenversetzt einen Parkweg.

◁ Über Stufen fließt das Wasser durch den bunt blühenden Hanggarten.

△ Muschelkalksteine sind mit seitlichen Begrenzungssteinen in Beton verlegt, wegen des Gefälles von etwa 10 % sind Sohlenschwellen zur Herstellung von Wassermulden eingebaut.

△ Wasserlauf mit eingebauten Sohlenschwellen und einer üppigen Staudenbepflanzung.

◁ Lebhafter Bachlauf mit verzweigter Fließrichtung und abwechselnd breiten und engen Wasserbereichen. Üppig mit Stauden und Gräsern eingebunden.

▷ Mäandrierender, muldenartiger Wasserlauf aus Kleinpflaster, mit akzentbildenden Kugelbuchsbüschen.

△ Schmale Fließrinne mit Zwerg-Bambus (*Sasaella ramosa*).

▷ Muschelförmiger Wandbrunnen mit Broncemaske. Das halbrunde Becken darunter gibt das Wasser über seitliche Öffnungen weiter.

◁ Oben: Flache Fließrinne aus Sandstein in einer frisch bepflanzten Gartenanlage. Eine Kaskade an der Trockenmauer wird später die Staudenpflanzung beleben.

◁ Mitte: Effektvoller Wasserlauf über rohen tieferliegenden Stufenplatten aus Naturstein. Das Wasser fließt über Kaskaden in das Becken.

◁ Unten: Wasserlauf in einem kleinen Japanischen Garten mit Kieselsteinen und Findlingen in verschiedenen Größen und einer Steinplatte als Brücke. Große Flächen sind mit Sternmoos (*Sagina subulata*) bepflanzt.

△ Offene als Mulde ausgebildete Fließrinne aus Natursteinen windet sich durch Rasen- und Pflanzbereiche vor einer Wohnanlage.

◁ Quadratischer Wassertisch aus Naturstein mit kleinem Sprudler in der Mitte.

△ Wasserspiel mit drei unterschiedlich großen Steinkugeln.

△ Unbearbeiteter Naturstein mit sprudelndem Wasserspiel.

◁ Wasserspiel mit einer mit der Spitze eingebauten Pyramide. Das Wasser läuft dreiseitig kaskadenartig über die Steinränder.

▷ Aus einer flachliegenden Amphore fließt Wasser in einen kleinen Teich.

△ Auffällig gestaltete Platzfläche mit Springstrahlen.

▷ Wasserspiel in einem ausgehöhlten Stein. Das Wasser fließt in einen Tümpel, der schön mit Bambus bepflanzt ist.

▷ Moderner Wasserspeier aus Edelstahl.

Pflanzgefäße

Im Handel werden so viele Pflanzgefäße angeboten, dass es oftmals schwer fällt die richtige Auswahl zu treffen. Die bekannten klassischen **Holztröge** im Versailler Stil sind vorzügliche Behälter für formale Gärten. Meist werden sie aus Harthölzern hergestellt und können naturbelassen oder farbig zum Einsatz kommen. Einfache Holzgefäße und Holzfässer in unterschiedlichen Formen und Größen sind beliebt und können verschiedenartig mit gemischten Pflanzungen oder mit Einjahresblumen bestückt werden. Metallgefäße können als Röhren mit Boden, als schlanke kubische Zinkeimer, als Behälter oder handwerklich stilvoll bearbeitet sein. Historische Zierelemente wurden meist aus Blei gefertigt, man kann sie heute noch in Barockgärten besichtigen.

Bestimmte **Metallgefäße** können auch mit einem Wasserspiel bereichert werden.

Betonbehälter werden in verschiedenen Oberflächenstrukturen angeboten. Glatte, polierte, raue, gerippte oder mit Mustern gestaltete Oberflächen sind erhältlich, die Formenvielfalt ist groß. Die Behälter sind stabil und schwer. Betonbehälter sollten nach Möglichkeit wieder mit Beton, z. B. Betonplatten, Mauern aus Sichtbeton oder Fertigbetonelementen kombiniert werden.

Schon in der Antike wurden **Terrakottagefäße** hergestellt und für verschiedenste Zwecke benutzt. Heute sind sie als Töpfe, Vasen, Urnen, Blumenkübel, Tröge u. a. Schmuckartikel erhältlich. Die warmen Farben der Terrakottagefäße harmonieren gut mit den Pflanzen. Besonders schöne Exemplare werden als Schmuckstücke aufgestellt und ziehen immer wieder Blicke auf sich. Allerdings sollten die Gefäße frostsicher sein. Ist dies nicht der Fall, so sollten sie den Winter über in den temperierten Keller oder Wintergarten gestellt werden, um Schäden auszuschliessen. Terrakottagefäße sind ideale Schmuchstücke architektonischer Gartenanlagen.

Keramikgefäße wirken durch ihre leuchtenden Farben und sind Glanzstücke im Garten. Nicht immer sind sie frostbeständig und sollten aus diesem Grund über die kalte Jahreszeit ins Haus gestellt werden. Die feinen Strukturen der Oberfläche und die geschmackvoll abgestimmten Farben machen sie zu wertvollen Gegenständen.

Bei **Steingefäßen** werden Gefäße aus Naturstein und aus Kunststein unterschieden. Schön und wertvoll sind alte Tröge, die mitunter nur selten erhältlich sind. Im Handel werden meist Immitationen angeboten, die das Althergebrachte mit Patina vermissen lassen. Alte Originalsteintröge eignen sich gut für Kostbarkeiten aus dem Steingartenbereich. Gesteine, Splitt und blühenden Pflanzen, dazwischen einige spezielle Kleingehölze sind die Ausgangsmaterialien für wunderschöne Arrangements. Auch kleine Wasserspiele mit Steinen zieren die Tröge. Gefäße aus Kunststein werden in allen möglichen Formen und als Figuren angeboten. Auch hier ist sorgfältig zu prüfen, ob das Element an die dafür vorgesehene Stelle passt.

Nicht zu unterschätzen, auch in modernen Gärten, ist die Bereicherung der vertikalen Flächen und Balkone mit Blumen und Grünpflanzen. Sterile Wände werden durch Pflanzen attraktiv gestaltet und belebt. Die Pflanzgefäße und Blumenkästen müssen permanent gewässert werden und sollten deshalb gut erreichbar sein. Werden in der Oberfläche schön gestaltete Holzkästen verwendet, so sollte ein zweiter Kasten aus Kunststoff als Pflanzbehälter zum Einsatz kommen. Der Holzkasten kommt somit nicht mit der Pflanzenerde und den Wurzeln in Berührungen und wird dadurch geschont.

▷ Lustige Kopfgestalten mit wilden „Frisuren" aus aufgesetzten Pflanztöpfen.

◁ Mehrere Versailler-Pflanzkübel im Barockpark Het Loo in Holland.

△ Stauden- und Kräutergarten aus Holzbehältern in unterschiedlichen Höhen, LGS Nordheim.

△ Mehrere sich nach unten verjüngende kleine Holzkübel zeigen die effektvolle Bepflanzung mit blauen Schmucklilien.

◁ Buchskugel unterschiedlicher Form und Größe in passenden Terrakotta-Töpfen.

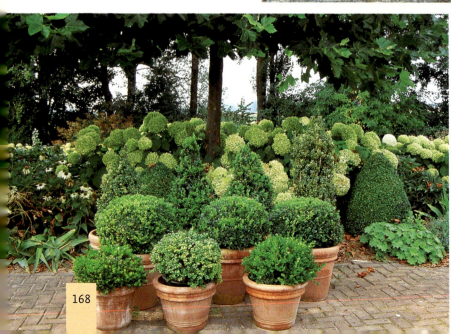

▷ Schmale und breite Töpfe aus Terrakotta mit Immergrünen bepflanzt.

△ Kubische Metallbehälter aus Edelstahl mit einer Bepflanzung aus immergrünen Gehölzen, Farbakzente würden das Bild beleben.

▷ Eine alte Badewanne lässt sich leicht zum bepflanzten Mini-Teich umfunktionieren.

Garteneinrichtungen

Einhausungen für Fahrräder und Mülltonnen

Mülltonnen und Fahrradabstellplätze werden in der Regel aus praktischen Erwägungen in den Vorgarten integriert. Da der Vorgarten die Visitenkarte eines Hauses ist, sollte er attraktiv und einladend gestaltet sein. Mülltonnen und Fahrräder, die wahllos herumstehen, sehen unschön aus. Mit geeigneten Baustoffen verkleidet, fallen sie weniger auf. Zusätzlich kaschieren Pflanzen, die beispielsweise an einem Rankgerüste empor klettern oder als Schnitthecke den Platz einrahmen optisch unschöne Situationen. Eine leicht und filigran wirkende Stahlkonstruktion, die auf die Architektur des Hauses abgestimmt ist, oder u-förmige Wände aus Holz- oder Betonschwellen bieten eine weitere Möglichkeit, Mülltonnen zu verstecken. Am besten ist es natürlich, Mülltonnen in Mauern bzw. Einfriedungen oder in die Hausfassade zu integrieren, das setzt jedoch eine frühzeitige Planung voraus.

Gartenmöbel

Das Mobiliar eines Gartens muss zum Stil der Gartengestaltung passen. Im Fachhandel sind unzählige Modelle oder ganze Produktlinien von rustikal bis modern erhältlich. Man sollte sich überlegen, welchen Zweck die neuen Gartenmöbel erfüllen sollen. Sollen sie leicht und mobil sein oder fest an einem Ort installiert werden? Sollen sie robust und wetterfest sein oder spielt es keine Rolle aus welchem Material die Sitzfläche besteht? Sind Sitzkissen notwendig? Die verschiedenen Materialien wie Holz, Metall, Kunststoff, Korb oder textile Bespannungen erfordern unterschiedlichste Pflege und Behandlung.

Tische, Stühle und Bänke müssen an die Dimensionen der Terrasse oder des Sitzplatzes angepasst sein. Komplizierte Klappmechanismen können leicht Verletzungen verursachen, allerdings ist ein einfaches Zusammenklappen oder Ineinanderstapeln praktisch für die Aufbewahrung im Winterquartier. Man sollte vor dem Kauf unbedingt prüfen, ob die Möbel der Ergonomie des Körpers angepasst sind. Ein Probesitzen bzw. -liegen empfiehlt sich unbedingt.

Beleuchtung

Licht kann in einem Garten sehr unterschiedliche Zwecke erfüllen. Zum einen gibt es funktionale Lichtquellen, die der Orientierung dienen, wie die Beleuchtung von Wegen, Sitzplätzen und Terrassen oder Einfahrten und Parkplätzen. Zum anderen schaffen Lichtquellen Atmosphäre im Garten und sorgen für eine angenehme Stimmung. Im Fachhandel wird eine Fülle von Leuchttypen angeboten. Bei der Auswahl gilt es zu beachten, dass die jeweilige Bauweise sowie der Einbauort und die -art ein für diese Leuchtenart spezifisches Lichtbild erzeugen.

Lampengehäuse gibt es in den verschiedensten Ausführungen. Es stellt sich die Frage, ob eine klassische verschnörkelte Lampe, ein moderner Spot oder eine versteckte Röhre die geforderten Ansprüche an die Beleuchtung erfüllen.

▷ Dezentes Licht begleitet den Gartenweg von der Terrasse zum Sitzplatz.

◁ Überdachter Mülltonnen-Abstellplatz bestehend aus einer Ortbetonmauer kombiniert mit Holzlamellen an einer Trägerkonstruktion aus Profilstahl. Vorne mit abschließbarer Türe.

▷ Offen zugänglicher Mülltonnen-Abstellplatz ohne Überdachung. Die Trägerkonstruktion besteht aus Profilstahlelementen, die mit Lochblechtafeln gefüllt sind.

◁ Mit Glas überdachte Fahrrad- und Mülltonnen-Abstellplätze. Trägerkonstruktion besteht aus Profilstahl, die Seitenflächen aus Lochblechtafeln.

▷ Halbrunde Holzbank in einer Gartennische.

▷ Massiv wirkende, niedrige Sitzelemente. Hochkant gestellte Holzbalken, die auf Profilstahl aufliegen, bilden die Sitzfläche.

▽ Bauchförmig gestaltete Einzelsitze aus Kunststoff sind zu einer Gruppe zusammengestellt.

▷ Edelstahlwürfel als Sitzhocker in einem modernen Ambiente.

◁ Eine indirekte Bodenbeleuchtung leitet sicher durch den Garten.

▽ Es geht auch ohne Elektrizität. Öllampen eignen sich für eine stimmungsvolle Beleuchtung.

◁ Wandeinbauleuchten sorgen für eine angenehme Atmosphäre am Sitzplatz.

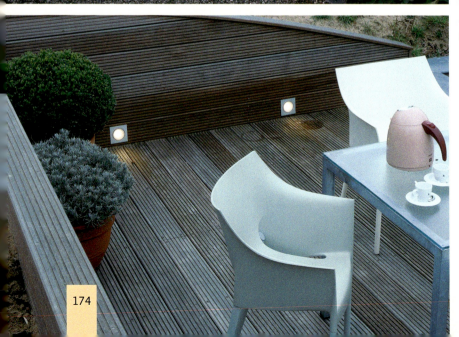

▷ Bodeneinbauleuchten sind praktisch unsichtbar und sorgen für dezente Beleuchtung.

▷ Eher ungewöhnliche Lichtobjekte wie diese Leuchtkugeln setzen Akzente in der Gartennacht.

Ein farbenprächtiger Vorgarten

Bestandsaufnahme

Als ich anlässlich eines Beratungsgespräches den Vorgarten zum erstenmal sah, zeigte er sich in einem nicht mehr zu vertretenden Zustand. Auf einer leicht geneigten Rasenfläche standen ein paar unauffällige, teilweise verkrüppelte Einzelgehölze. Eine dunkelgrüne über 2 m hohe Thujahecke bildete den nördlichen Grenzabschluss. Die südöstliche Grenze zur Straße hin war mit einer niedrigen, verputzten Mauer gekennzeichnet. Mittig durchschnitt der Eingangsweg den Vorgarten und teilte ihn in zwei Hälften. Es war an der Zeit einen einladenden Vorgarten zu planen. Auf Wunsch der Auftraggeber sollte auf dem trapezförmige Grundstück, eine kleine Wasserfläche integriert werden.

Planung und Realisation

Erste planerische Vorüberlegungen waren die gleichmäßige Zweiteilung der Fläche aufzulösen und das Gelände mit Steinkanten abzustufen. Die Neuordnung der Wegeführung ergab einen größeren Vorgartenbereich, einen Autoabstellplatz und einen Mülltonnenplatz. Die niedrige Vorgartenmauer wurde als Abgrenzung belassen, an der Wegeeinmündung in die Straße jedoch abgebrochen. Der Hauszugangsweg wurde geringfügig verbreitert.

Er ist mit einem Belag aus Granit-Kleinsteinpflaster, verlegt in Segmentbogenform ausgestattet.

Die Mülltonnen sind mit einer U-förmigen Holzschwellen-Einfassung gegen Einblicke abgeschirmt. Eine berankte Rundholz-Pergola überstellt den mit Rasenpflaster belegten Autostellplatz. Ein kleiner Sitzplatz mit einer formschönen Teakholzbank befindet sich in einer Nische vom Haus zur Thujahecke. Das Wasserbecken ist einseitig mit Natursteinblöcken eingefasst. Das gegenüberliegende flach ausgebildete Ufer ist mit Schotter und Findlingsteinen unregelmäßig gestaltet. Die ruhige Wasserfläche er-

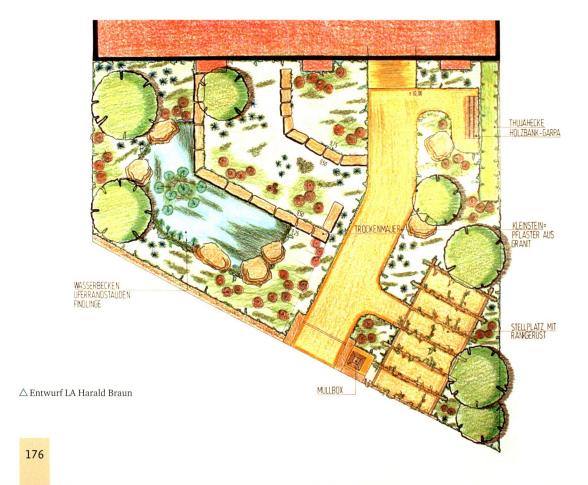

△ Entwurf LA Harald Braun

scheint wie ein ruhender Pol in der lebhaften Staudenpflanzung.

Bepflanzung

Charakteristisch für den Vorgarten ist die vorwiegende Verwendung von Stauden, die flächenhaft, einzeln und in Gruppen das Gartenbild verschönern. Violettblühende Partien mit Braunelle (*Prunella grandiflora*) ergänzen sich mit silbergrauem Wollziest (*Stachys byzantina* 'Silver Carpet'), Silberraute (*Artemisia schmidtiana* 'Nana') und Gold-Fetthenne (*Sedum floriferum* 'Weihenstephaner Gold').

Im sonnigen Bereich treten neben rosablühenden und silbergrauen Flächenstauden, strukturbildende Kleingehölze und Gräser wie Silberstrauch (*Perovskia abrotanoides*), Zwerg-Mandel (*Prunus tenella* 'Fire Hill'), Beetrose 'Schneewittchen' und Blaustrahlhafer (*Helictotrichon sempervirens*) auf. Die mehr halbschattigen Bereiche mit Frauenmantel, Elfenblumen und Storchschnabel sind mit Taglilien (*Hemerocallis citrina*), Netzblatt-Päonie (*Paeonia tenuifolia*) und Pfirsichblättriger Glockenblume (*Campanula persicifolia*) durchsetzt.

Übergeordnet strukturieren ein paar blühende Kleinbäume und Solitärsträucher, Stern-Magnolie (*Magnolia stellata*), Zierapfel (*Malus* 'Royalty'), Duft-Schneeball (*Viburnum farreri*), Etagen-Schneeball (*Viburnum plicatum* 'Mariesii') und Chinesische Zaubernuss (*Hamamelis mollis*) den Vorgarten.

Die im Mai rosa blühende Anemonen-Waldrebe (*Clematis montana* 'Rubens') umschlingt malerisch die Holz-Pergola. Ihre Blütenzweige hängen über die Pfetten und kaschieren teilweise den Stellplatz.

△ Die aufstrebenden silbergrauen Perovskiensträucher kontrastieren mit den weich gestalteten Flächenstauden.

▽ Die ruhige Wasserfläche im Vorgarten wird durch die Steinaufkantung geformt. Am gegenüberliegenden flachen Uferrand bilden Stauden weiche Konturen.

Ein Garten mit Quellstein und Holzelementen

Bestandsaufnahme

Am Rande eines Siedlungsgebietes entstand in den 1970er-Jahren ein Mehrfamilienhaus mit kleinen Wohngärten, die hauptsächlich aus Terrassen, unwegsamen Rasenböschungen und einigen Sträuchern bestanden. Auf Grund der örtlichen Gegebenheiten war ein zwangloses und angenehmes Wohnen nur eingeschränkt möglich.

Der Sitzplatz liegt etwa zwei Meter höher als die Terrasse vor dem Wohnzimmer. Die steile Rasenböschung lag gleich hinter der Terrasse. Man hatte beim Hausbau versäumt, die zuviel gelagerte Erde zu entfernen. Daraus resultierte, dass der nachträgliche Abtransport des Erdmaterials kostenmäßig kräftig zu Buche schlug, da kleinere Geräte und Fahrzeuge eingesetzt werden mussten und diese nicht ungehindert fahren konnten.

Planung/Realisation

Der Entwurf für den Garten sieht einen größeren Wohngartenbereich, eine flachansteigende, bepflanzte Böschung und einen erhöhten, sonnigen Sitzplatz, zur Nutzung in den Nachmittags- und Abendstunden, vor. Der Sitzplatz ist mit einer Holzkante eingefasst und mit Mosaikpflastersteinen belegt.

Die Böschung ist mit einer 30 cm hohen Fußmauer aus imprägnierten Holzschwellen, in vor- und zurückgesetzter Anordnung abgefangen. Vor den Schwellen liegt ein schmaler Pflanzstreifen mit niedrigen Stauden, der mit einem Pflasterband, als Mähkante, eingefasst ist. Die untere ebene Fläche des Wohngartens bildet ein Rasenstück mit der Terrasse. Die älteren gut erhaltenen Betonplatten konnten wiederverwendet werden.

Der höhergelegene Sitzplatz ist über Stufen zu erreichen. Einladend wirken die unteren Stufen mit 2 m Länge. Zur Höhenmitte werden sie immer kürzer, bis

△ Entwurf LA Harald Braun

zu 60 cm, um nach oben hin wieder die gleichen Längen zu erreichen. Das Ganze sieht optisch sehr reizvoll aus. Die blühenden Staudenpartien wachsen seitlich über die Stufenanlage. Das Rasenstück ist zusammenhängend gestaltet und nicht durch einen Pflasterweg zerschnitten. Rasenziegelsteine mit eingesäten Erdkammern lassen keinen Farbunterschied zum übrigen Rasen erkennen. Der große Findlingsstein aus Porphyr an der Terrasse bringt durch die Fließbewegung des Wassers Lebendigkeit in die Gartenkomposition.

Vor etwa 15 Jahren wurde der Garten, hauptsächlich aus imprägnierten Hölzern, mit Ausnahme der Platzbereiche, gebaut. Wie bekannt sind Holzschwellen nur begrenzt haltbar, deswegen wollte man nun im nachhinein dauerhaftes Steinmaterial verwenden. Anstelle der Holzschwellen prägen jetzt niedrige Trockenmauern und Blockstufen aus bearbeiteten Muschelkalksteinen das Gartenbild.

Bepflanzung

Die Aufenthaltsbereiche im Garten werden durch die Blütenfarben der Stauden aufgehellt. Beidseitig der Stufenanlage wächst Katzenminze (*Nepeta faassenii* 'Six Hills Giant'). Daneben ziert mit goldgelbem Blütenflor Gold-Fetthenne (*Sedum floriferum* 'Weihenstephaner Gold'). Dazwischen sind Fackellilien (*Kniphofia praecox*) und einige Lampenputzergräser (*Pennisetum alopecuroides* 'Hameln') eingestreut. Die Pflanzenkomposition hat sich für den sonnigen Standort gut bewährt. In den halbschattigen Seitenbereichen dominieren Frauenmantel (*Alchemilla mollis*) mit grüngelben Blüten, Zwerg-Storchschnabel (*Geranium cinereum* var. *subcaulescens* 'Splendens') mit margentaroten Blüten und Bärenfellgras (*Festuca gautieri*). Ein purpurrotes Band mit Purpurglöckchen (*Heuchera micrantha* 'Palace Purple') liegt vor der Fußmauer, leuchtet insbesondere durch die intensivgefärbten Blätter.

Die teilweise lückige Rahmenpflanzung wurde mit einigen Solitärgehölzen, wie immergrüne Steinmispel (*Cotoneaster salicifolius floccosus*), Kornelkirsche (*Cornus mas*) und Rhododendron (*Rhododendron jakusimanum*) ausgefüllt. Im Februar erscheinen die ersten Frühlingsgeophyten mit Winterling (*Eranthis hyemalis*), Schneeglöckchen (*Galanthus nivalis*) und Blaustern (*Scilla bifolia*).

Der kleine Garten ist das erweiterte Wohnzimmer unter freiem Himmel, das tagsüber und abends bewohnt wird.

▽ Die Treppe erhält ihren optischen Reiz durch die Verjüngung in der Höhenmitte. Im Vordergrund der glänzende Quellstein.

Ein Hausgarten mit Betonelementen, Pergola und Pavillon

Bestandsaufnahme
Auf der Hochebene, inmitten eines Stadtteiles von Würzburg liegt das Haus eines Architekten, mit der nach Westen situierten etwa 325 m² großen Garagen-, Stellplatz- und Gartenfläche. Gegenüber dem Wohnhaus befindet sich die Doppelgarage mit drei seitlichen Stellplätzen für Mitarbeiter des Büros. Zur Wohnstraße im Süden ist das Grundstück mit einer zwei Meter hohen Mauer begrenzt.

Planung/Realisation
Die nördliche Grenze und ein Teil der Westgrenze erhielt einen mit Obstgehölzen kaschierten Maschendrahtzaun. In der inneren Grundstücksfläche entstand ein intensiv gestalteter Hausgarten. Der östliche und ein Teil des südlichen Vorgartens sind nicht eingefriedet. Sie sind recht schmal und deshalb mit Solitärgehölzen und Stauden bepflanzt. Nur wenig einsehbar ist der gut abgeschirmte Mülltonnenplatz.

Die Geometrie des Hauses findet sich im Garten wieder. Die spiegelnde, eingefasste Wasserfläche verläuft konisch und ist ein ruhender Pol im Garten. Die nordwestliche Grundstücksecke ist durch einen offenen Pavillon akzentuiert. Er ist in einer Stahl-Holzkonstruktion mit Zinkblecheindeckung gebaut. Von hier ist der Garten gut überschaubar. Die Hausfassade rückt ins Blickfeld. Räumlich gefasst wird die Südseite durch die Stahlpergola, die sich über den Gartenweg erstreckt. Blühende Geißblattgewächse mit ihrem Duft ermöglichen eine angenehme Gartenatmosphäre. Die großzügig bemessene Terrasse dient für mancherlei Aktivitäten. Vor allem im Frühjahr und im Herbst ist sie ein warmer, geschützter Platz vor dem Haus, den man gerne aufsucht, während in den Sommermonaten Sonnenschutz benötigt wird. Dann leistet ein in der Farbe unauffällig formschöner Sonnenschirm gute Dienste. Umgeben ist das uniforme Rasenstück von der Terrasse, dem formalen Wasserbecken, der bepflanzten Pergola und den Farben- und Formenreichtum der Sonnenstauden. Der grüne Zierrasen beruhigt und neutralisiert. Serielle kleine Beete am Gartenpavillon sind hauptsächlich mit wärmeliebenden Stau-

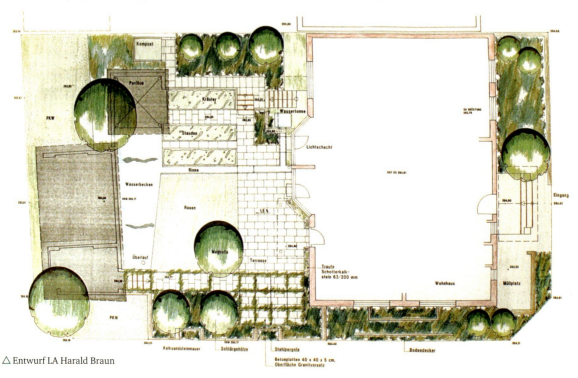

△ Entwurf LA Harald Braun

den bepflanzt, während der hintere Bereich von einem kleinen Nutzgarten eingenommen wird. Eine Reihe von Obstgehölzen bildet den nördlichen Grenzabschluss.

Grundsätzlich wurden nur wenige Baustoffe verwendet. Veredelte Betonwerksteine für Platten und Mauerelemente zeigen Klarheit und Gediegenheit. In Angleichung an die Fassadenbalkone kam verzinkter Profilstahl für Pergola, Pavillon, Gartentor und Rankelemente zum Einsatz.

Bepflanzung

In dem kleineren Garten, konnten nur sparsam Gehölze eingesetzt werden. Im Vorgarten steht ein Kadsurabaum (*Cercidiphyllum japonicum*). An den Stahlbalkonen rankt eine über 4 m hohe Kletterrose (*Rosa* 'Flammentanz') empor. Zwei im Spätwinter blühende Schneeballsträucher (*Viburnum × bodnantense* 'Dawn') haben noch ausreichend Platz, um sich auf der kleinen Vorgartenfläche auszubreiten.

An der Terrasse zeigt eine prächtige Magnolie (*Magnolia × soulangeana*) ihren beeindruckenden Frühlingsflor, während hinter der Pergola zwei Japanische Zierkirschen (*Prunus subhirtella* 'Autumnalis') Blickschutz bieten. Im unteren Gartenbereich ziert ein lila-weißblühender Fliederbusch (*Syringa vulgaris* 'Michel Buchner') mit seinen Blütenzweigen im Mai. Die nicht eingezäunte Böschung an den Stellplätzen ist mit zwei Spiersträuchern (*Spiraea × vanhouttei*), einer Solitär-Hainbuche (*Carpinus betulus*) und flächendeckendem Balkan-Storchschnabel (*Geranium macrorrhizum* 'Spessart') bewachsen.

Im lichten Schatten der Pergola begleiten den Gartenweg Stauden, wie Spanisches Lungenkraut (*Pulmonaria saccharata* 'Mrs. Moon'), Waldschaumkerze (*Tiarella cordifolia*), Elfenblume (*Epimedium × versicolor*), Porzelanblümchen (*Saxifraga × urbium*) und einige größere Leitstauden, wie Weisrand-Funkie (*Hosta crispula*) und Tafelblatt (*Rodgersia podophylla*).

Im sonnigen Bereich am Pavillon leuchten die Blütenfarben der Schwertlilien (*Iris germanica*), des Sonnenhutes (*Rudbeckia sullivantii* 'Goldsturm'), der Kissen-Aster (*Aster dumosus* 'Prof. Anton Kippenberg'), die silber-weißfilzigen Blätter des Perlkörbchens (*Anaphalis triplinervis*) und des Wollziestes (*Stachys byzantina* 'Silver Carpet'). Flammenrot präsentiert die Kupferhirse (*Panicum virgatum* 'Hänse Herms') ihre Gräserhorste im Herbst.

Das Dach der Doppelgarage ist vom Wohnhaus gut einsehbar. Mit einer extensiven Dachbegrünung ist eine gemischtfarbige, niedrige Staudendecke entstanden, die nicht nur den Besitzern zugute kommt.

▽ Der Gartensitzplatz ist mit dem offenen Pavillon überdacht. Daneben fühlen sich Edelgarbe, Schwertlilie, Wollziest und Kleinstrauchrosen in der Sonne wohl.

Ein Steingarten

Bestandsaufnahme
Der Garten liegt in einem Neubaugebiet, umgeben von zum Teil noch nicht angelegten Gärten, an einem nach Südosten geneigten Hang. Die nordöstliche Wohnstraße, mit Wendehammer, erschließt die Häuserzeilen. Im Untergeschoss des Wohnhauses befindet sich die Doppelgarage. Wegen der bereits fertiggestellten Stellplatzfläche, konnte vom Vorgarten nur ein Teil geplant werden. Die straßenseitige Böschung ist mit einer etwa 40 cm hohen Fußmauer aus Muschelkalkblöcken abgefangen.

Planung/Realisation
Im Hinblick auf die kleine Grundstücksgröße von knapp 500 m² und dem Hausgrundriss, lag es nahe einen formalen Garten zu planen und von geschwungenen Linien Abstand zu nehmen. Das Planungskonzept sieht einen formalen Steingarten, mit integrierten Stufen, am flach modellierten Hang, vor. Rechteckige Gartenräume wie die Terrassen, der mit Muschelkalkblöcken gestaltete Steingarten und der Gemüse- und Kräutergarten, verbinden sich proportional zu einem ganzheitlichen Konzept. An der sonnigen Südwestseite

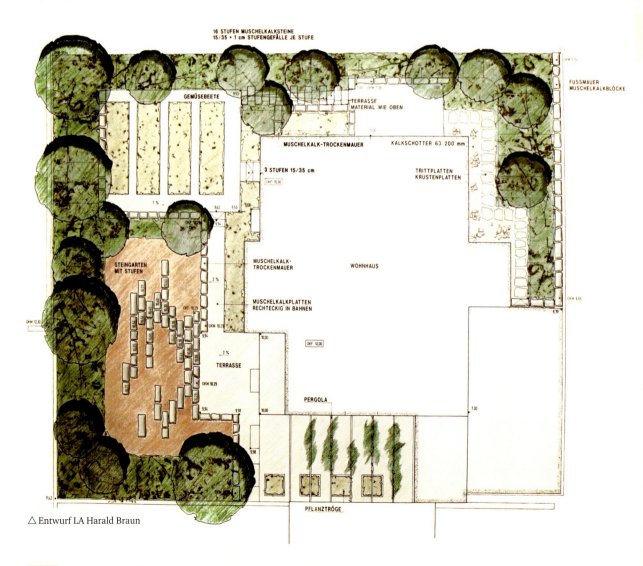

△ Entwurf LA Harald Braun

△ Der leicht ansteigende, mit Muschelkalksteinen in Reihen gegliederte Steingarten präsentiert sich im Sommerflor aus gelben Schafgarben, rotviolettem Dost, Federgras und lavendelfarbenen Astern. Die Mulchschicht aus Kalksteinsplitt unterdrückt die Wildkräuter und speichert Wärme.

des Hauses, vor der Terrasse, ist ein blühender Garten das Richtige. Er wird von den Wohn- und Essräumen aus gut eingesehen. Höhenversetzte Muschelkalksteine ragen zungenförmig in die Steingartenpflanzung. Aus den breiten mit Erde- und Kalksteinsplitt gefüllten Fugen wachsen sonnenliebende, trittverträgliche Thymian-Arten. Die hohen Fenster an der Nordseite des Hauses erfordern eine Mauer von etwa 2 m Höhe, die als Trockenmauer gebaut wurde. Über die danebenliegende Stufenanlage erreicht man das obere Gartenniveau. Schattenverträgliche Steingartenpflanzen wachsen aus den Mauer- und Treppenfugen. Die untere Terrasse ist über einen Weg aus bruchrauen Trittplatten an den Hauseingang angeschlossen. Wege und Terrassen sind mit sandgestrahltem, hellgrauen Betonplatten belegt. Aus Kostengründen wurde hier auf Natursteinbeläge verzichtet. Der kleine Wohnhof auf der Südseite zum Nachbarhaus soll später eine Stahlpergola mit Pflanztrögen aus Metall erhalten.

Bepflanzung

Die umrahmende Pflanzung setzt sich aus ein Paar Scheinzypressen (Chamaecyparis lawsoniana 'Alumii'), die in einigen Jahren das Nachbarhaus kaschieren, einigen Kleinbäumen und hauptsächlich Blütensträuchern zusammen. Dabei wurden Blüten- und laubschmückende Gehölze, Borstige Robinie (Robinia hispida 'Macrophylla'), Goldeschen-Ahorn (Acer negundo 'Aureo Variegatum') und Kornelkirsche (Cornus mas), bevorzugt.

Schöne Blütengehölze wie Sommerflieder (Buddleia alternifolia), Gartenibisch (Hibiscus syriacus), Pfeifenstrauch (Philadelphus coronarius 'Dame Blanche'), Zierquitte (Chaenomeles superba hybrida), Strauchrosen (Rosa multiflora, R. glauca), Blasenstrauch (Colutea arborescens), Perückenstrauch (Cotinus coggygria) bereichern durch Farbe und Duft den Garten.

Die nordwestliche Böschung wurde gegen Erosion geschützt. Unter den Sträuchern wachsen bodendeckende Stauden, wie Großblättriges Immergrün (Vinca major), Gefleckte Taubnessel (Lamium maculatum) und Kaukasus-Beinwell (Symphytum grandiflorum).

△ Die Einliegerwohnung an der Nordseite musste mit einer höheren Trockenmauer abgefangen werden. Daneben führt eine Treppenanlage zum oberen Garten. Schattenverträgliche Mauerstauden sollen die noch kahlen Fugen gut überwachsen.

Vor der Terrasse präsentiert sich der sonnige Steingarten, mit seinen Solitärstauden und Ziergräsern. Hier finden sich Palmlilie (*Yucca filamentosa* 'Eisbär'), Lavendel (*Lavendula angustifolia* 'Hidcote Blue'), Fetthenne (*Sedum telephium*), Federgras (*Stipa barbata*). Beigeordnet sind hauptsächlich graulaubige Steingartenpflanzen, wie Steinquendel (*Calamintha nepeta* subsp. *nepeta*), Schafgarbe (*Achillea filipendula*), Dost (*Origanum laevigatum* 'Herrenhausen'), Aster (*Aster pyrenaeus* 'Lutetia') und einigen dazwischen gestreuten niedrigen Bart-Iris-Hybriden (*Iris barbata* 'Nana').

Aus den Fugen der Treppenstufen wächst karminroter Thymian (*Thymus serpyllum* 'Coccineus'), der sich kissenartig über die grauen Steine ausbreitet. In den Mauerfugen im schattigen Bereich zeigt sich der imposante Hirschzungenfarn (*Phyllitis scolopendrium*), der Schattensteinbrech (*Saxifraga cortusifolia* 'Fortunei'), der im Oktober weiß blüht, der Felsenteller (*Ramonda myconi*), während das dunkelgrüne Sternmoos (*Sagina subulata*) aus den Fugen der Trittsteine quillt. Über den flachen Blattrosetten der Felsenteller erscheinen im Juni die imposanten hellvioletten Blüten, mit den gelben Staubgefäßen. Wegen der unterschiedlichen Standortverhältnisse (Steingartenpflanzen, Gehölze und Stauden für Sonnen- und Schattenlagen, Mauerfugenpflanzen), war in diesem Garten eine sehr differenzierte Pflanzplanung, vor allem auch mit Zwiebel- und Knollengewächsen erforderlich.

Ein formal gestalteter Stadtgarten

Bestandsaufnahme

Das in den 1930er-Jahren gebaute Wohnhaus steht in einem südlich gelegenen Stadtteil von Würzburg. Es benötigte aufgrund von Nässeschäden eine umfangreiche Sanierung des Mauerwerkes. Dies gab den Anstoß zur kompletten Neuanlage eines formalen Gartens, der in seiner konsequenten Durchgestaltung überaus harmonisch wirkt.

Nach sorgfältig abgeschlossenen Sanierungsarbeiten konnte mit der Ausführung der Gartenanlage begonnen werden. Das Grundstück ist mit einer über 2 m hohen Thujahecke umfriedet, die als Schnitthecke dominant den äußeren Rahmen definiert. Sie war Vorgabe und Ansatzpunkt für das formale Gestaltungskonzept. Von der Straße führt ein langer, beidseitig bepflanzter Gehweg zum Hauseingang. Das Haus steht exzentrisch im Grundstück, wodurch ein größerer, westlich besonnter Gartenbereich entstand. Übergangslos fließen die weiteren Freiräume ineinander und bieten gute Voraussetzung für eine formale Gestaltung. Der Eigentümer wünschte sich einen großen, mit einer Pergola überdachten Sitzplatz. Die nördliche Grenzmauer war in einem desolatem Zustand, sie musste neu verputzt und gestrichen werden. Kontras-

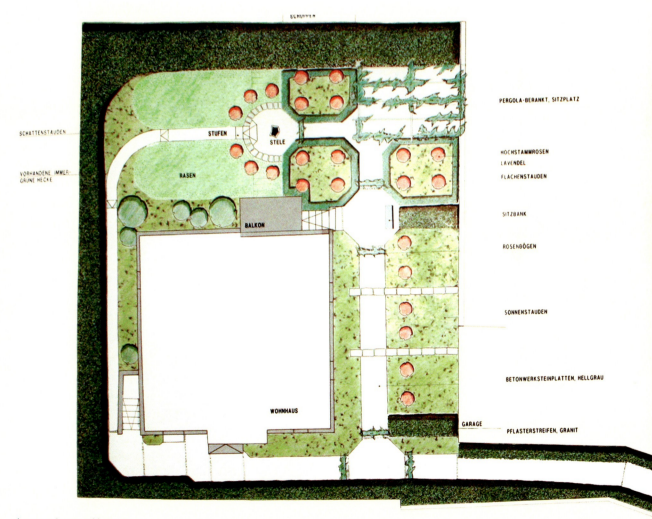

△ Entwurf LA Harald Braun

△ Mit Buchsbaum umsäumte Rosenbeete, ein Rosenbogen und der halbkreisförmige Platz mit Mandelbäumchen vermitteln Blütenzauber vom Frühjahr bis zum Herbst.

tierend zum Altrosa der baulichen Elemente, erhielt das Spaliergerüst an der Mauer und die Holzpergola einen weißen Anstrich.

Planung/Realisation

Die Konzeption sieht einen asymmetrisch gestalteten Garten vor. Der zum Sitzplatz führende Gartenweg ist mit in die Pflanzung verlaufenden Plattenbändern quer gliedernd konzipiert. Durch Ruhe ausstrahlende halbhohe Eibenhecken entstehen optimale Pflanzräume. An der Hausecke erweitert sich der Weg zu einem oktogonalen Platz, der über eine Treppe zum Balkon und zum Sitzplatz führt. Dieser ist mit Rosenbeeten umgeben, die mit doppelreihigen, kniehohen Buchspflanzen eingefasst sind.

Anschließend an die Formbeete befindet sich ein kleines halbkreisförmiges Höfchen; in dessen Mitte wird später einmal eine Skulptur aufgestellt. Danach verschmälert sich der Weg, der zunächst bogenförmig, dann parallel zur Thuja-Hecke zum Haupteingang des Hauses führt.

Bepflanzung

Im westlichen Gartenbereich kamen angesichts der guten Besonnung hauptsächlich licht- und sonnenliebende Pflanzenarten in Betracht. Neben rosa und weiß blühenden Floribunda-, Kletter- und Hochstammrosen dominieren filigrane Gräser und Leitstauden wie Blaustrahlhafer (*Helictotrichon sempervirens*), Lampenputzergras (*Pennisetum alopecuroides* 'Hameln'), Chinesische Pfingstrose (*Paeonia lactiflora*), Prachtscharte (*Liatris spicata*), Rittersporn (*Delphinium-Belladonna*-Gruppe), Edelgarbe (*Achillea filipendulina*) und andere. Dazwischen sind halbhohe Stauden, wie Katzenminze (*Nepeta × faassenii*), Schleierkraut (*Gypsophila repens* 'Rosenschleier'), Dalmatiner Storchschnabel (*Geranium dalmaticum*), Salbei (*Salvia nemorosa* 'Ostfriesland') und Wollziest (*Stachys byzantina* 'Silver Carpet'), gepflanzt, die in der Mittelzone und im Vordergrund mit bodendeckenden Flächenstauden wie Silberraute (*Artemisia schmidtiana* 'Nana'), Fetthenne (*Sedum floriferum* 'Weihenstephaner Gold') und Stachelnüsschen (*Acaena buchananii*) einen weichen Übergang zu den harten Gehwegbelägen herstellen.

An den eher schattigen Hauswänden befinden sich Pflanzplätze, die im Sockelbereich des Hauses den niedrigen Gehölzen und Stauden ideale Wachstumsbedingungen ermöglichen. Hier schmücken einige kugelförmig geschnittene Buchsformen neben kleineren immergrünen Berberitzen (*Berberis verruculosa*). Halbschatten- und Schattenstauden, Farne und Waldgräser wachsen optimal auf diesen geschützten Pflanzplätzen, unter anderem Elfenblumen (*Epimedium × versicolor* 'Sulphureum'), Ungarwurz (*Waldsteinia geoides*), Tränendes Herz (*Dicentra spectabilis*), Kaukasus-Vergissmeinnicht (*Brunnera macrophylla*), Brutwedelfarn oder auch Schmaler Filigranfarn (*Polystichum setiferum* 'Proliferum') und Waldschmiele (*Deschampsia cespitosa* 'Goldschleier').

Zwiebel- und Knollenpflanzen sind das i-Tüpfelchen jeder Gartenpflanzung. Sowohl im Frühjahr als auch in den Herbstmonaten bereichern diese Kostbarkeiten den Garten wesentlich. Kleinblütige Narzissen, Wildalpenveilchen, Schneeglöckchen und Märzenbecher eignen sich für Schattenbereiche, während botanische Tulpen, Frühlings- und Herbstkrokusse und Herbst-Zeitlose die freie, sonnige Fläche im Garten bevorzugen.

Entlang der Thuja-Hecke blühen im Februar truppweise Schneeglöckchen und Winterling. Im Schatten und in halbschattigen Bereichen wächst der Hohle Lerchensporn (*Corydalis cava*).

Waldmeister (*Galium odoratum*) breitet sich auf den im vollen Schatten liegenden Flächen zwischen der Hauswand und der Thujahecke aus. In diesem weißen Blütenschleier ist das Kaukasus-Vergissmeinnicht (*Brunnera macrophylla*) gruppenweise eingestreut.

Anhang

Autorenvita

Harald Braun ist freischaffender Landschaftsarchitekt und hat in Weihenstephan, Freising studiert. Freiraumplanung, Grünordnungs- und Landschaftsplanung waren Schwerpunkte seiner beruflichen Tätigkeit. Er hat sich in all den Jahren besonders der Planung von Hausgärten gewidmet, wobei seine große praktische Erfahrung stets Bestandteil seiner Arbeit war.

Ein besonderes Anliegen war ihm die Teilnahme an freiraum- und landschaftsplanerischen Wettbewerben. Seine Beiträge wurden des Öfteren mit Preisen und Ankäufen ausgezeichnet.

Literatur

Böswirth, Daniel/Thinschmidt, Alice; Wege und Terrassen, Verlag Eugen Ulmer 2002.
Böswirth, Daniel/Thinschmidt, Alice; Wassergärten, Verlag Eugen Ulmer 2001
Bridgwater, Alan + Gill; Holzdecks, Verlag Eugen Ulmer 2003.
Bridgwater, Alan + Gill; Steinarbeiten im Garten, Verlag Eugen Ulmer 2001.
Hagen, Peter/Hrsg.; Der große Gartenplaner, Verlag Eugen Ulmer 2005.
Kleinod, Brigitte; Gärten intelligent planen und gestalten, Verlag Eugen Ulmer 2004.
Niesel, Alfred; Bauen mit Grün 3. Erw. Aufl., Ulmer 2002.
Niesel, Pätzold, Beier; Lehr – Taschenbuch für den Garten-, Landschafts- und Sportplatzbau, Verlag Eugen Ulmer 2003.
Lung, Christa; Der perfekte Rasen, Verlag Eugen Ulmer 2005.
Mair, Peter; Bauen mit Holz im Garten, Verlag Eugen Ulmer 2004.
Pahler, Agnes; Schnell und einfach zum Gartenparadies, Verlag Eugen Ulmer 2005.
Wirth, Peter; Gärten am Hang 2. Aufl., Verlag Eugen Ulmer 2007.
Wirth, Peter; Gartenanlage, Verlag Eugen Ulmer 2004.

Bildquellen

Firmenfotos: Seite 171, 174 o. li., 174 u., 175 o., 175 u.
Hagen, Peter: Seite 174 re.
Reinhard, Hans: Seite 5, 13, 17, 46 u. li., 50 u., 54, 71, 137, 141 o. li., 160 o., 167
Reinhard, Nils: Seite 141 u. re., 169 u.
Redeleit, Wolfgang: Seite 46 u. re., 141 o. re., 143
Stein + Design: Seite 23
Wirth, Peter: Seite 50 mi. li., 51 u. li.

Folgende Firmen haben uns freundlicherweise Bildmaterial zur Verfügung gestellt:
Delta-Light GmbH, ERCO, Gardena GmbH, Garpa GmbH, Gira, Nimbus-Design GmbH, Phillips Licht, Magilux, Wibre GmbH.
Alle weiteren Bilder und Plandarstellungen stammen vom Autor.

Haftung

Autor und Verlag haben sich um richtige und zuverlässige Angaben bemüht. Fehler können jedoch nicht vollständig ausgeschlossen werden. Eine Garantie für die Richtigkeit der Angaben kann aber nicht gegeben werden. Haftung für Schäden und Unfälle wird aus keinem Rechtsgrund übernommen.

Hinweis: Der Verlag ist nicht verantwortlich für den Inhalt von Links.

Register

Abdeckplatte 88, 92
Abdeckrost 53
Abdecksteine 88, 92
Abnahme 7
Absturzgeländer 120
Abstützungen 89
Abwasserkanal 151
Alginure-Bodengranulat 136
Alleen 8
Ältere Gesteine 16
Antrittsstufe 70
Architektonischer Garten 10
Asphaltwege 21
Auflageringe 22
Aufsatz 22
Auftritt 70
Ausführungsplanung 7
Ausführungszeiten 7
Aussaatzeit 136
Ausschreibung 7
Austrittsstufe 70
Auswaschungsgefahr 19
Auszwickeln 18
Autoabstellplatz 176

Bachlauf 160
Bänke 170
Basaltblöcke 103
Basaltlava 16, 26
Basaltlavaplatten 26
Baugrund 72
Bauüberwachung 7
Bauvertrag 7
Beleuchtung 170
Beregnen 138
Bestandsplan 4
Beton- oder Natursteinelemente 148
Betonarbeiten 88
Betonbehälter 166
Betonbett 18
Betonblockstufen 74, 75
Betonfertigteilschächte 22
Betongüte 148
Betonkantenstein 72
Beton-Kleinpflaster 35
Betonmauern 88
Betonpalisaden 88
Betonpflaster 18, 34, 40
Betonplatten 37, 183
Betonplattenbelag 41
Betonrohre 22

Betonstelen 97
Betontragschichten 18
Betonverbundsteine 19
Bildung von Nischen 12
bindiger Boden 136, 151
biologisches Gleichgewicht 151
Bitumenanstrich 150
bituminöse Tragschichten 18
Block- oder Betonvollfundamente 72
Blockstufen 70, 77, 80
Blumenkübel 166
Blumenrasen 139, 140
Blumenwiese 141
Bodenbeleuchtung 174
Bodenhilfsstoffe 136
Bodenstruktur 136
Bodenteil mit oder ohne Geruchsverschluss 22
Bodenuntersuchung 136
Bodenverbesserung 136
Bodenvorbereitung 136
Bogenförmige Wege 16
Bogenpflasterung 18
Böschungspflaster 18
Böschungssteine 97
Böschungssteine aus Beton 89
Brechsand 18
Bretter 108
Bretter- bzw. Lattentüren 111
Bruchsteinmauer 93, 86, 91
Brüstungsmauer 100
Busch 142

Chemischer Holzschutz 110
Computerdarstellungen 7
Cortenstahl 52, 61, 89, 118

Dachförmige Entwässerung 21
Deckenoberfläche 19
Dehnungsfugen 148
Diabas 16
Diagonalzaun 112
dichte Kunststoffbeläge 21
Dichtungsbahnen 148
Diorit 16
Doppelte Verbretterung 108
Drahtgeflecht 122
Dreh- und Schiebetüren bzw. -tore 110, 111

Düngen 138
Durchdringungen 148

Edelstahlplatten 89
Einzel- oder Streifenfundament 150
Einzelsitze 173
Eisenbahnschwellen 46, 105
Eisenmöbel 68
Elektroleitungen 151
Entkalkungsanlage 151
Entwässerung 21, 22
Entwurfsplan 7
Erdmodellierung 12
Eutrophierung 151

Fachfirma 7
Fahrradabstellplatz 170, 172
farbigem Kies 54
Feinplanum 136
Fertigbecken 150
Fertigrasen 138
Fertigstellungspflege 138
Fertigteilmauer 96
Feststellung 7
Filterschicht 150
Filtervlies 150
Findlinge 54, 179
Fischgrätenverband 42, 43
Flanschverbindungen 148
Flechten 54
Flechtzaun 114
Fliederbusch 181
Fließrinne 162, 163
Folie 54
Foliendichtung 148
Formale Gärten 8, 166
Formale Wasserbecken 10, 153, 154
Formaler Garten 10
Formgehölze 8, 142
Formschnitt 10
Fotografien 7
Frei gestaltete Gärten 12
Freistehende Gabionenmauer 101
Freistehende Mauer 93, 104
freiwachsende Hecken 12
Frostschutzschicht 72
Frühjahrssitzplatz 62
Fugenbreite 16

Fugenvergussmasse 18
Fundamentplatte 72

Gabionen 89, 100
Garage 16
Garagenvorplätze 20
Gartenbank 10
Garteneinrichtungen 170
Gartenhaus 135
Gartenpflege 54
Gartenplanung 4
Gartenräume 14
Gartenteich 148
Gartenweg 16, 20
Gartenzimmer 86
Gebrauchsrasen 138
Geländegestaltung 140
Geländeplanum 136
Genehmigungsplanung 7
Gerumpelte Pflastersteine 36
gesägte Platten 16
Geschnittene Hecken 8
Geschüttete Bodenbeläge 54
gespaltene Kieselsteine 18
Gesteinsmaterial 54
Gitterplatten aus Kunststoff 20
Gitterstrukturen 89
Glasbausteine 118
Glasscherben 61
Gneis 16, 86
Granit 16, 30, 86, 186
Gräsermischung 20
Grauwacke 16
großformatige Pflastersteine 16
Grünarchitektur 15
grüne Beläge 20

Haftpflichtversicherung 151
Hammerechtes Schichtenmauerwerk 86
Handlauf 73, 74, 80, 84, 85, 122
Handskizzen 7
Härtegrad 151
Hartgestein 86
Hartholzpflaster 19
Hauptweg 16
Hauseingang 16
Hauszugangsweg 176
Hinterbetonierte Natursteinmauern 86

Hochlochziegel 89
Hofabläufe 22
Hohe Mauern 86
Holzbank 173
Holzbehälter 168
Holzdeck 19, 45, 46
Holzfässer 166
Holzhäckselweg 51
Holzkästen 166
Holzpalisade 105
Holzpavillon 135
Holz-Pergola 177, 185
Holzpflaster 19
Holzrahmenzäune 108
Holzroste 19
Holzscheiben 46
Holzschutz 110
Holztröge 166
Holzzäune 108
Hüttensteine 89
Hygromull 136

IGA Mauer 94
Imitation von Natursteinoberflächen 19
immergrüne Steinmispel 179
imprägnierte Hölzer 179
imprägnierte Holzschwellen 178
Inselartige Erdmodellierungen 10
Installation 151

Kalksandsteine 89
Kalkstein 16, 86
Kalksteinsplitt 183
Kantenlänge 18
Kantensteine 21
Kantholzpergola 126
Kapillarsperre 148
Kassettenpergola 126
Kastenrinnen 21, 22, 53
Keilstufen 70
Keramikgefäß 166
Kesseldruckimprägnierung 110
Kies- und Schotterflächen 60, 61
Kies- und Schotterwege 21
Kieselpflaster 18
Kieselsteine 54, 148
Kinderwagenrampe 80
Klein- und Großpflaster 18
Klinkerstufen 84
Knotengitterzaun 100
Knüppelstufen 72, 85
Kombinierte Belagsflächen 21
Kombinierter Belag 29
Komposterde 136
Konstruktive Holzschutzmaßnahmen 110

Kopfsteinpflaster 19
Korbstühle 66
Kratzbeton 88
Kugelbuchs 10
Kunststoff 50
Kunststoffbahnen 150
Kunststoffrohre 22

lackierte Stahlmöbel 66
Lage- und Höhenvermessung 4
Lampen 170
Landschaftsrasen 138
Lärmschutz 89
Latten 108
Lauben 124
Laubengang 8, 128
Legstufen 72, 81
Leistungsverzeichnis 7
Leuchtkugeln 175
Leuchttyp 170
Licht 170

Magerbetonschicht 18
Mähen 138
Mähgut 139
Mängel 7
Marmorsplitt 54
Maschendrahtzäune 100, 180
Maschengitterzäune 100
Maßstab 7
Mauerköpfe 88
Mauern 86
Mauerscheiben 88
Mauerwerksarten 86
Mehrläufige Treppen 70, 80, 81
Melaphyr 16
Metallbehälter 169
Metallflächen 21
Metallgefäße 166
Metamorphe Gesteine 16
Mineralbeton 18
Mini-Teich 169
Mischbelag 29
Mörtelmauerwerk 86
Mosaikpflaster 18, 27, 33, 72, 178
Mulchschicht 54
Mülltonnen 170, 172, 176, 180
Muschelkalk 16, 86
Muschelkalkblöcke 90, 95, 182
Muschelkalk-Findlinge 58
Muschelkalk-Großpflaster 32
Muschelkalkpflaster in Reihen 30
Muschelkalkplatten 26
Muschelkalksteine 27, 59, 77

Nachbargrundstücke 4
Nadelhölzer 108
naturnahe Gärten 20
naturnaher Bachlauf 150
Natursteinmauern 86
Natursteinpflaster 18
Natursteinplatten 16
Niedrige Mauern 86
Nostalgische Eisenmöbel 66

Oberboden 136, 151
Oberflächen 19, 20
Oberflächenentwässerung 21
Oberflächengestaltung 54
Oberflächenmaterial 16
Objektüberwachung 7
Ortbeton 37, 88, 96, 97, 98, 99

Paneelen 105
Parkflächen 20
Parkplatzrasen 138
Pavillons 124, 180
Pergola 8, 62, 124
Pflanzerde 151
Pflanzgefäße 166
Pflanzplan 7
Pflanztreppen 74
Pflaster- und Plattenbeläge 21
Pflasterklinker 19, 42, 43
Pflasterwälle 18
Pflegearbeiten 7
Pfosten 108
Phylit 16
Plattendicke 16
Plattenlängen 16
Plattenpodest 76
Plexiglasplatten 118
Podeste 81
Podestflächen 74
Podestlänge 70
Polygonale Sandsteinplatten 26, 27
Polygonplatten 16
Polygonverbände 16, 18
Porphyr 16
Porphyr-Kleinpflaster 29
Porphyrplatten 24
Porphyrplatten 28
Profilstahl 181
Profilsteine 88
Profilstufen 70
Pumpe 150, 151

Quadermauerwerk 86
Quadratpflaster 36
Quadratpflastersteine 34
Quarzit 16
Quelleigenschaften 19
Quellstein 150, 178
Quelltopf 150

Quergefälle 21
Querriegel 108
Querrinnen 21
Rahmenpflanzung 12
Rahmentüren 111
Rampe 76, 78
Randzeile 18
Rankgerüst 117
Rankgerüste 170
Rasen 136
Rasengitter 20, 50
Rasengräser 136
Rasenklinker 20
Rasennarbe 139
Rasenpflaster 20, 21
Rasensaatgut 138
Rasenstufen 82
Rasenziegelsteine 179
Raumwirkung 12
Regelmäßiges Schichtenmauerwerk 86, 91, 92, 95
Regel-Saatgutmischung 138
Regenwasser 151
Reihenpflasterung 18
Rindenmulchwege 21
Rund- und Halbrundhölzer 108
Rundholz-Pergola 176
Rundholzscheiben 19
Rundpergola 127

Saatgutmenge 138
Saatgutmischungen 139
Sandstein 16, 86
Sandsteinblöcke 91
Sandsteinplatten 24, 25
Sandstrahlen 16
Schachtabdeckungen 22
Schächte 4
Schalung 88
Schattenkante 72
Schattensitzplatz 62
Scheinwerfer 151
Schieferplatten 56
Schlitzrost 22
schmaler Weg 16
Schnittgut 139
Schnitthecken 8, 142
Schnittklasse S 108
Schotter 148
Schotterrasen 20, 50
Schotterweg 48
Schrittmaß 70
Schrittmaßformel 70
Schrittplattenweg 32, 39, 152
Schuppenpflaster 18, 32
Schutzdach 62, 124, 135
Schutzvlies 148
Sediment Gesteine 16
Sedimentgestein 86
Segmentbogenform 18

Seitenhaupt 70
senkrechte Zaun-
   füllungen 108
Sicherheitsvorkehrung 151
Sichtbeton 72, 88
Sichtschutzwand 86, 89, 117, 132
Sichtschutzzaun 113
Sink- und Einlaufkästen 22
Sitzelemente 83, 173
Sitzmauern 86, 95, 98, 102
Sitzplatz 14, 20, 62, 148, 178
Sitzplatzgröße 62
Spaliergerüste 124, 185
Spiel- und Strapazier-
   rasen 138
Splintholz 110
Splitt 18, 54
Splittvorsätze 19
Springbrunnen 10
Stabgitter 73, 110
Stahlbeton 72
Stahlgeländer 73
Stahlgitterzäune 110
Stahl-Holzgeländer 121
Stahl-Holzkonstruktion 180
Stahl-Holzpergola 130, 132, 180
Stahl-Holzzaun 122
Stahlplattenmauern 89
Stahlroste 44
Stahltreppe 84
Stahltür 123
Stahlzäune 110, 120
Staketenzaun 112
Starre Treppengrün-
   dungen 72
Staubbildung 19, 20
Stegroste feuerverzinkt 22
Steigungsverhältnis 70
Steingarten 54, 59, 182
Steingartenpflanzen 183
Steingefäße 166
Steinhocker 68
Steinkanten 176
Steintisch 68
Stellstufen 72, 78, 79
Stocken 16
Straßenablauf 53
Streifenfundamente 72
Strukturplatten 39
Stufenanlage 82, 179
Stufenarten 70
Stufenweg 31, 76, 78
Stühle 170
Stützmauer 103, 106
Syenit 16, 86

technischen Ausführungs-
   plan 7
Teichaushub 151

Teichgröße 148
Teil- und Schlussrechnung 7
Terrakottagefäß 166
Terrasse 62, 148, 178, 180, 183
Tiefdruckimprägnierung 19
Tiefengesteine 16
Tisch mit Glasplatte 66
Tisch und Stühle aus Alu-
   rohr 64
Tische 170
Töpfe 169
Trachyt 16
Tragschicht 18
Treillagen 8
Treppen 70
Treppengeländer 72
Treppengründungen 72
Treppenlauf 70
Treppenwangen 74
Trittplattenweg 38
Trittsteine 33, 152
Trockenmauer 77, 93, 183
Trockenmauerwerk 86, 90
Türe und Tore 110

Unkrautsamen 54
Unregelmäßige Pflaste-
   rung 18
Unregelmäßiger Belag 26
Unregelmäßiges Schichten-
   mauerwerk 86, 90
Unstarre Treppengrün-
   dungen 72

Verbandsregeln 88
Verblendmauer 86, 93
Verbundpflasterklinker 19
Versailler Pflanzkübel 168
Verzahnung der Steine 19
Viereck- und Rundpalisa-
   den 88
Viereckgitter 120
Viereckpalisaden 99
Vollklinker 89
Vollziegel 89
Vollziegel aus Beton 19
Vorderhaupt 70
Vorgarten 16, 170, 176
Vorgartenmauer 176
Vorplanung 4

waagrechte Zaun-
   füllungen 108
Wallartige Aufschüttung 102
Wandbrunnen 161
Wandeinbauleuchten 174
Wangen 72, 81
Wasser im Garten 148
Wasseranlagen 18

Wasserbecken 8, 157, 176
Wasserführungselemente 21
Wassergebundene Wegedecken 19, 21, 47, 48, 72
Wassergestrahlte Ober-
   flächen 19
Wasserkanal 154, 158
Wasserlauf 150, 160, 161, 162
Wasserqualität 151
Wasserreservoir 150
Wasserspeier 165
Wasserspiel 164, 165, 166
Wasserstele mit Kaskade 154
Wassertisch 153, 164
Wasseruntersuchungen 151
Wechselmauerwerk 88

Wege- und Oberflächen-
   gestaltung 16
Wegedecken 20
Wegestrecken 16
Weichholzpflaster 19
Werkpläne 7
Wiesen 136, 139
Wohngarten 178

Zäune 108, 151
Zementmörtel 18
Ziegelsplitt 49
Zierbelag 54
Zierrasen 138, 181
Zierverbände 19
Zinkblecheindeckung 180
Zuschlag 7
Zyklopenmauerwerk 86

**Bibliografische Information der Deutschen National-
bibliothek**
Die Deutsche Nationalbibliothek verzeichnet diese Publikation
in der Deutschen Nationalbibliografie; detaillierte bibliografische Daten sind im Internet über http://dnb.d-nb.de abrufbar.

Das Werk einschließlich aller seiner Teile ist urheberrechtlich
geschützt. Jede Verwertung außerhalb der engen Grenzen des
Urheberrechtsgesetzes ist ohne Zustimmung des Verlages unzu-
lässig und strafbar. Das gilt insbesondere für Vervielfältigungen,
Übersetzungen, Mikroverfilmungen und die Einspeicherung und
Verarbeitung in elektronischen Systemen.

© 2007 Eugen Ulmer KG
Wollgrasweg 41, 70599 Stuttgart (Hohenheim)
E-Mail: info@ulmer.de
Internet: www.ulmer.de
Umschlaggestaltung: Atelier Reichert, Stuttgart
Lektorat: Doris Kowalzik
Satz: Typomedia GmbH, Ostfildern
Herstellung: Silke Reuter
Reproduktion: BRK, Stuttgart
Druck + Bindung: Firmengruppe APPL, aprinta Druck, Wemding
Printed in Germany

ISBN 978-3-8001-5339-8

Der Verlag Eugen Ulmer unterstützt Sie bei der Gestaltung Ihres Traumgartens!

→ Hilfe bei den ersten Schritten:

www.gartenberatung.info

- Gartenberatung vor Ort
- Gartenplanung
- Ausschreibung
- Baubetreuung

→ Hilfe bei der Umsetzung:

www.dega-landschaftsgaertner.info

- Ausführung
- Gartenpflege

Nutzen Sie die **Kompetenz von mehr als 1000 Gartenberatern, Landschaftsarchitekten und Landschaftsgärtnern** in Deutschland, Österreich und der Schweiz in den Datenbanken von Ulmer.

ganz nah dran.